Joelma Ferreira Franzini

SAPATINIM

Uma viagem a outro mundo na imensidão da Amazônia

Joelma Ferreira Franzini

SAPATINIM

UMA VIAGEM A OUTRO MUNDO NA IMENSIDÃO DA AMAZÔNIA

MouraSA
Curitiba – Brasil
2021

Copyright © da MouraSA.
Editor-chefe: Railson Moura
Diagramação e Capa: Designers da MousaSA
Imagem de Capa: Anna ART/Shutterstock
Revisão: Analista de Escrita e Artes

DADOS INTERNACIONAIS DE CATALOGAÇÃO NA PUBLICAÇÃO (CIP)
CATALOGAÇÃO NA FONTE
Bibliotecária Responsável: Luzenira Alves dos Santos CRB9/1506

F797

Franzini, Joelma Ferreira.
    Sapatinim: uma viagem a outro mundo na imensidão da Amazônia / Joelma Ferreira Franzini (autora), João Fernando Franzini de Souza (colaborador) – Curitiba : CRV, 2021.
86 p.

    Bibliografia
    ISBN Digital: 978-65-251-0594-9
    ISBN Físico: 978-65-251-0593-2
    DOI 10.24824/978652510593.2

    1. História – Amazônia 2. Povos da Floresta 3. Vida de ex-seringueiros I. Souza, João Fernando Franzini de. col. II. Título III. Série

CDU 82(811)   CDD 910.409811

Índice para catálogo sistemático
1. Relatos de viagem – Amazônia 910.409811

ESTA OBRA TAMBÉM SE ENCONTRA DISPONÍVEL
EM FORMATO DIGITAL.
CONHEÇA E BAIXE NOSSO APLICATIVO!

2021
Foi feito o depósito legal conf. Lei 10.994 de 14/12/2004
Proibida a reprodução parcial ou total desta obra sem autorização da MouraSA
Todos os direitos desta edição reservados pela: MouraSA – Um selo da Editora CRV
Tel.: (41) 3039-6418 – E-mail: sac@editoracrv.com.br
Conheça os nossos lançamentos: **www.editoracrv.com.br**

Sumário

1 O contexto 7

2 A viagem 17

3 Três dias no Sapatinim 35

4 A sobrevivência 53

5 O retorno 59

Bônus 67

1

O CONTEXTO

O mundo inteiro sabe o que é a Amazônia ou, pelo menos, imagina saber...
 Comumente, a maioria esmagadora das pessoas, acredita que existe uma única e uniforme floresta, com a mesma história, o mesmo tipo de habitação, de rios, de árvores, de formas de vida, de um só povo com a mesma constituição histórica. Seria o mesmo que acreditar que a Europa é composta por povos, costumes, hidrografia, relevos, todos iguaizinhos, tudo homogêneo.
 Esse tipo de pensamento ingênuo ainda é muito corrente, apesar de haver a noção da vastidão e amplitude desse imenso território. Na verdade, são Amazônias no plural, todas dentro de uma só. Assim, o Acre possui sua história, gentes, costumes, biodiversidade etc., que são muito diferentes do Pará, Tocantins, ou de Roraima por exemplo, sem falar da porção da Amazônia fora do território brasileiro.
 Para entender o contexto da história de uma viagem, realizada por mim, até uma família de habitantes da floresta, que nesse modesto livro passo a contar, é preciso que meu(minha) querido(a) leitor(a) compreenda minimamente como ocorreu o povoamento dessa imensa e formidável região do planeta. Você já parou pra pensar como foi que essa floresta chegou a ter cerca de cinco milhões de pessoas antes da chegada dos europeus? Como esses povos chegaram na floresta, que hoje conhecemos como Amazônia, há milhares de anos atrás? Ou como essa gente toda, que chamamos de indígenas, quase desapareceu durante a colonização portuguesa? Ou ainda, no recente século passado, como foi que dezenas de milhares de novas famílias foram parar em lugares absolutamente isolados no meio da floresta, sem aeroportos, nem estradas, tendo como único meio de transporte uma canoa a remo que, ainda hoje, leva oito, dez ou mais dias de viagem pra chegar até um pequeno povoado? Não, provavelmente você nunca havia parado pra pensar sobre isso...

Aviso logo que não pretendo dar uma aula de história, portanto, não cito as fontes científicas daquilo que conto. Apenas apresento um breve contexto para um leitor pouco informado na temática, na intenção de que melhor possa compreendê-la e apenas isso. Os mais curiosos e estudiosos, podem pesquisar em fontes científicas e confiáveis a história do povoamento da maior e mais espetacular floresta da Terra.

Mas o que é mesmo a História? A maioria das pessoas acredita que a história seria o estudo dos acontecimentos do passado, assim, a história, através de suas pesquisas, conta tudo que aconteceu durante a evolução dos seres humanos na Terra.

Entretanto, a história é contada pelos vencedores e poderosos, os perdedores não contam sua versão dos fatos. Assim, aprendemos nas aulas de história que os portugueses "descobriram" o Brasil. Se os indígenas exterminados houvessem escrito os livros de história, provavelmente teriam dito que os europeus "invadiram, usurparam e saquearam" seus domínios.

Nas últimas décadas, muitos historiadores se empenharam, e ainda se empenham, a pesquisarem e demonstrarem aspectos mais factíveis da história, apresentando novas versões dos fatos. Entretanto, a maioria absoluta dos livros didáticos continua exibindo apenas a "versão dos vencedores". Assim é com a história do "descobrimento" das Américas ou do "povoamento" da Amazônia. Povoamento? Como seria possível povoar um território onde habitavam cerca de cinco milhões de pessoas? Afinal, como se "descobre" uma terra completamente habitada?

Voltando ainda mais no passado, uma reconhecida teoria científica estima que a ocupação humana das Américas teve início há cerca de 15 mil anos atrás. Os seres humanos teriam entrado no continente através do estreito de Bering, uma passagem de gelo que ligou a Ásia e as Américas durante uma era glacial. Outra famosa teoria científica defende que a ocupação humana das américas pode ter ocorrido por populações do sul Asiático, da Polinésia e da Oceania, por meio de navegações feitas em pequenas embarcações. A princípio, teriam se fixado no litoral leste do continente americano e depois se espalharam pelas áreas no interior da América.

Existem várias outras hipóteses com maior ou menor grau de comprovação. A grande verdade é que ainda não existe uma certeza de como, onde e quando esses povos chegaram à América. Particularmente, acredito que de várias maneiras em lugares e épocas diferentes. Foram chegando, se espalhando e ficando, simples assim. Como parece ser intrínseco ao ser humano, também travavam embates entre eles, havia guerra e mortandades. Homem matando homem e escravizando homem existe desde os primórdios da humanidade, Abel que o diga...

Entretanto, as populações que chegaram à Amazônia e foram bem-sucedidas, desenvolveram a agricultura e construíram múltiplas e distintas sociedades, convencionalmente chamadas de indígenas, com maior ou menor grau de complexidade e desenvolvimento. Muitos historiadores contemporâneos avaliam que, 2 mil anos antes da invasão europeia, existiam povos bastante organizados manejando os recursos da floresta e extraindo os materiais necessários às suas necessidades.

Por milhares de anos, toda a região foi dominada por sociedades indígenas com elevado grau de organização e desenvolvimento. Esses povos floresceram, principalmente, às margens de grandes rios. Por todos os recantos da Amazônia existiam muitas populações, numerosas e diversificadas, mas, com a chegada dos europeus, esses povos originários foram sendo exterminados através das guerras e conflitos travados entre eles e os portugueses e espanhóis.

Muitos desses habitantes fugiram e dispersaram-se floresta adentro e outros acabam morrendo pelas doenças contagiosas trazidas pelos europeus. Os indígenas que se submetiam e subordinavam para salvar a própria vida eram escravizados e obrigados a abrir mão de sua língua e cultura originária.

Um fato bastante interessante e de extrema relevância e importância na história da Amazônia e de seus povos foi o interesse dos europeus, logo de sua chegada, por uma espécie vegetal nativa muito peculiar: a *Hevea brasiliensis*, conhecida popularmente por seringueira, árvore de grande porte de onde é extraído um líquido viscoso e branco, chamado látex, matéria prima para a fabricação da borracha.

Entretanto, a exploração econômica da região Amazônica, pelos portugueses, ficou limitada ao extrativismo das apelidadas "Drogas do Sertão", que nada mais eram que castanha da Amazônia, cravo, guaraná, urucum e poaia, entre alguns outros. Quase sempre, a vazão das drogas do sertão era realizada pelos jesuítas que se instalaram na região e aproveitavam da mão de obra dos indígenas que não haviam morrido ou fugido mata adentro.

Foi apenas em 1839 que Charles Goodyear conseguiu fazer a vulcanização da borracha, e o látex tornou-se uma importante matéria prima para as indústrias de todo o planeta. Todos os olhares e cobiça dos grandes capitalistas e industriais da época, voltaram-se para a Amazônia.

De 1800 em diante, os povos da Amazônia eram compostos, quase totalmente, por mestiços de índios, brancos e negros. Os caboclos ou "cabocos" eram, e por muitos ainda o são, considerados feios, atrasados e seres de segunda categoria. Foi nas décadas finais do século XIX que teve início o grande e primeiro ciclo econômico da borracha, que enriqueceu os barões do "ouro branco" da Amazônia. Ocorreu um grande crescimento e desenvolvimento em Belém e Manaus (desenvolvimento nos moldes e padrões europeus), e para lá se encaminhavam milhares de pessoas do Brasil e do mundo em busca de oportunidade de trabalho, melhores condições de vida e obtenção de riqueza. Em trinta anos (1870 a 1900), a população de Manaus saltou de 50 para 250 mil habitantes.

A extração do látex das seringueiras sustentou a economia do Amazonas, criando enormes fortunas partir da década de 1850. Na busca incessante por mais látex, as seringueiras eram procuradas cada vez mais longe, floresta adentro, e nessa busca incessante a população se estendia cada vez mais para o oeste, levando ao povoamento do Acre, que era um território boliviano, ocasionando um conflito armado entre seringueiros brasileiros e o governo Boliviano. Em 1903, o governo brasileiro realizou várias negociações com o governo boliviano e comprou as terras do atual Estado do Acre, mediante o pagamento de 2 milhões de libras esterlinas, dentre outros.

Os seringueiros, vindos de todas as partes, eram absolutamente extorquidos pelos patrões seringalistas, numa espécie de escravidão moderna. Morriam aos milhares pelas florestas, de malária, picadas de cobras, miséria e solidão, enquanto os barões da borracha enriqueciam. Só podiam vender sua borracha, coletada na selva, para o dono do seringal onde trabalhavam e pelo preço que o seringalista quisesse pagar. Por outro lado, também só podiam comprar os produtos vindos da cidade do mesmo patrão, que também vendia pelo preço absurdo que desejasse. Em poucos meses, o seringueiro estava completamente endividado, vendendo barato seu produto e comprando muito caro os víveres de que necessitava. Se tentasse fugir, morria na bala dos jagunços do seringalista ou perdido na floresta. Eram trazidos com promessa de riqueza, mas, depois que entravam na mata, não havia mais como voltar...

Por outro lado, ajudavam o seringalista (dono do seringal onde o seringueiro trabalhava), a dizimar os pequenos grupos de povos indígenas que encontravam pela frente. Por vezes, as índias eram poupadas da morte para se tornarem "escravas dos escravos", pois eram marcadas a ferro e obrigadas a serem "esposas" dos seringueiros que habitavam sozinhos e embrenhados nas matas.

Fato muito importante de se ressaltar é que, enquanto tudo isso ocorria, milhares de sementes de seringueira eram contrabandeadas para fora do Brasil por ilustres "pesquisadores" da flora local. Em 1877, toneladas de sementes de seringueiras foram contrabandeadas para a poderosa e glamorosa Inglaterra, constituindo-se, vergonhosamente, naquilo que atualmente chamamos de biopirataria. Seringais de plantio foram introduzidos com enorme sucesso na Malásia, em Singapura e no Ceilão, então colônias da tão "honrosa" Inglaterra. O látex coletado pelos brasileiros, em árvores nativas dispersas na mata gigantesca, foi rapidamente substituído e superado pelos seringais plantados com as sementes roubadas do Brasil.

O preço da borracha despencou e, em 1920, praticamente não existia mais extração de látex na Amazônia, que passou a produzir apenas 2% da produção mundial. Poucos anos depois, ocorreu a Segunda Guerra Mundial. Esse trágico período para todo o mundo deu início ao "segundo Ciclo da Borracha", dado que, em 1941, o governo brasileiro fez um acordo com o governo norte americano para extração de látex na Amazônia, pois as plantações da Malásia foram dominadas pelos inimigos de guerra, os japoneses. Para os

Estados Unidos, era necessário que a Amazônia voltasse a extrair o látex das seringueiras, dado que a borracha era um produto muito importante para a guerra.

Para aumentar a produção, era necessária mais mão de obra para colher o látex, e o então presidente Getúlio Vargas recrutou homens que foram apelidados de "soldados da borracha". Nessa segunda leva, especialmente os brasileiros nordestinos, assolados por uma seca, vieram cortar seringa na imensidão da floresta. Talvez tivessem morrido menos caso houvessem optado por embarcar para a Europa e ir ao fronte de batalha. Não conheciam a "guerra" de sobreviver por conta própria e sozinhos em meio à selva.

Entretanto, logo os americanos descobriram como fabricar a borracha sintética, e a extração do látex deixou de ser necessária. Milhares de homens jovens foram literalmente abandonados pelo governo nos confins da Amazônia brasileira, e os que não morreram passaram ser coletores e ribeirinhos, constituindo família com as prostitutas mais velhas e menos interessantes, exportadas de Belém e Manaus e vendidas como qualquer outra mercadoria, ou ainda com as índias, que continuaram sendo caçadas e pegas literalmente a laço pelas entranhas da floresta. Essas eram marcadas a ferro em brasa com o nome do felizardo dono.

Com o fim do segundo ciclo da borracha, a economia amazonense entrou novamente em crise, não havia arrecadação e a ruína foi completa. O governo federal, como forma de tentar retomar o crescimento da região, fez várias (e quase sempre desastradas) tentativas, como a criação da Superintendência do Desenvolvimento da Amazônia (SUDAM), em 1966; a medida de "desenvolvimento" tomada pelo regime militar (1964-1985) de construir a rodovia Transamazônica, que ocasionou a sangria de milhões e milhões em recursos financeiros, custando muitas vidas, tanto as humanas quanto a animal e vegetal, sendo, logo após, simplesmente abandonada, pois até hoje a Transamazônica não foi concluída; e o impulso ao desenvolvimento financeiro de Manaus em 1967, quando foi criada a Zona Franca, que lá vigora até os dias atuais.

A partir desse ponto, passo a relatar os acontecimentos mais recentes, ocorridos particularmente no Acre e não de modo global em toda a Amazônia. Focalizo o Acre porque pertenço a essa terra e vivi profundamente essa história, bem como é no referido estado que os acontecimentos narrados nesse livro ocorreram. Certamente que, por exemplo, em Rondônia, Pará ou Roraima, a realidade foi e é completamente diferente.

Cabe lembrar que o Acre foi o único estado da federação que lutou com armas em punho (contra os bolivianos) e derramou muito sangue para ser brasileiro. Mais tarde, foi desmembrado do Amazonas, tornando-se território, e depois, em 1962, foi promovido à categoria de estado.

Muitos incentivos federais ao "desenvolvimento" no Acre, aconteceram nas décadas de 1960 e 1970. Vários estímulos dos governos local e federal foram realizados objetivando à vinda de novos migrantes do sudeste e sul do Brasil. Inúmeras famílias dos apelidados de "sulistas" pela população local chegaram rápida e abruptamente. De cara, os sulistas expressavam um grande preconceito com relação à população local, vista pelos migrantes do sudeste e sul como preguiçosa, ignorante e feia. A recíproca foi verdadeira, e o conflito entre as diferentes visões de mundo, o preconceito de lado a lado e muitos embates vieram mais uma vez à tona. É a história que se repete.

Mas como ficaram aqueles milhares de seringueiros que se embrenharam mata adentro no ciclo da borracha? Muitos fugiram para as periferias dos centros urbanos, principalmente da capital, Rio Branco, engrossando o cinturão de miséria e violência. Outros permaneceram na selva, criaram família e se sustentaram da caça, da pesca, de pequenos roçados de mandioca, que aqui é conhecida por macaxeira, e da coleta dos produtos da floresta, principalmente de castanha e, ainda, do látex.

Quando o governo incentivou a vinda dos migrantes do sudeste e sul, vendeu muito barato milhares de alqueires de mata bruta para os "sulistas" que pudessem comprar, ou fez vários projetos de assentamento, doando pequenas e médias propriedades, também de floresta nativa.

Milhares de famílias venderam ou abandonaram todo o pouco ou muito que possuíam e jogaram-se no sonho de serem fazendeiros no Acre. Poucos obtiveram total sucesso, o desconhecimento de como plantar e criar animais na natureza amazônica e a falta de estradas para o escoamento e venda de seus produtos, destruiu o sonho de prosperidade dos pequenos colonos recém-chegados, que com o passar dos anos sobrevieram a vender suas tão sonhadas terras (aqui chamadas de colônia) para os vizinhos fazendeiros, bem mais fortes financeiramente e mais bem assistidos pelo crédito bancário.

Centenas de colônias foram sendo adquiridas pelos fazendeiros por baixos preços e transformadas em grandes fazendas, obedecendo à lei do sistema econômico vigente, onde a força do capital é a única regra que rege a existência. Outros tantos dos novos colonos do sul assistiram aos filhos e outros familiares morrerem de malária, sem sequer poder levá-los a um hospital, pois, nas épocas de chuvaradas, nem os carroções puxados por bois conseguiam sair dos pequenos ramais de terra que davam acesso aos assentamentos agrícolas, transformados pelas chuvas e falta de manutenção em verdadeiros pântanos movediços. Muitos resistiram, vivem e prosperam com seus familiares na colônias até hoje.

E tem mais. Sabe essa terra vendida ou doada pelo governo do Acre em parceria com o governo federal? Bem, estava, quase sempre, ocupada pelos milhares de seringueiros abandonados à própria sorte no final do segundo ciclo da borracha.

Muitos fazendeiros compraram ou adquiriram do governo suas terras (habtadas por seringueiros e seus descendentes). Os seringueiros estavam na segunda, terceira ou quarta geração de viventes daquele local onde seus antepassados cortaram seringa por décadas, ou até mais de um século. Aquele pedaço de chão era deles e de sua família, não sairiam de lá, não sem lutar. Mais uma vez, a floresta verde foi banhada pelo vermelho do sangue humano, perdido pela idiotice de governantes gananciosos, estúpidos e obtusos.

Os conflitos explodiram por todas as parte. Muitos seringueiros foram mortos ou expulsos, tiveram suas taperas queimadas e suas pequenas plantações destruídas. Alguns também mataram, mas como sabemos, a corda sempre arrebenta do lado mais fraco. Foi nesse contexto que surgiu a figura de Chico Mendes, tido como herói pelos seringueiros e vilão por muitos fazendeiros e ruralistas "sulistas".

Os habitantes locais conheciam o extrativismo e a floresta em pé, grande parte dos recém-chegados conhecia apenas a mata no chão, o pasto crescendo e o boi engordando. Cada um enxerga de acordo com sua posição dentro da batalha. A verdade é que muitas pessoas defendem o pensamento ambientalista da floresta amazônica em pé, fazendo churrasco de "boi verde" todos os finas de semana (boi verde = melhor tipo de carne bovina que existe pois o boi é criado solto em amplas pastagens, tornando sua carne extremamente mais saborosa e saudável em relação àquele criado com rações artificiais e em confinamento, sem sol ou movimentação física).

Certamente que houve fazendeiros inescrupulosos, e outros, decentes. Muitos colonos sulistas deixaram toda uma vida para trás e embarcaram no sonho da posse da terra no Acre que, para alguns deu certo, para outros, se transformou em pesadelo. E os seringueiros foram, sem sombra de dúvidas, os mais penalizados em toda essa história. O pano de fundo? Os projetos de "desenvolvimento" do governo brasileiro da época. Poucos são aqueles que compreendem que nesse gigantesco e verde tabuleiro de xadrez, os verdadeiros jogadores usavam coturnos. Os demais eram apenas as peças do jogo.

O capitalismo possui suas próprias regras, que objetivam estritamente o lucro. Restaurar antigas áreas de terras degradadas e de solos empobrecidos pode ser bem mais caro e difícil do que se derrubar a mata nativa, vender as madeiras nobres e formar pasto novo e vigoroso. Então, seguindo em busca do capital, a maioria dos produtores (mas nem todos), compreendem que, para se obter lucro e fornecer a preciosa carne bovina, a floresta precisa tombar. Cruel e simples assim.

Vale lembrar que a Amazônia possui metade do tamanho da Europa inteira, fato que a torna múltipla. Não existe apenas uma história, uma realidade e um povo. Vários e diversificados tipos de matas, terras, animais, águas; povos indígenas de ascendência, língua, costumes e culturas totalmente diferentes uns dos outros; ocupações da terra pelos migrantes de forma variada e distinta.

As localidades podem ser tão distantes umas das outras que, por, vezes uma cidadezinha longínqua de um estado tem como ponto de apoio e referência uma cidade de outro estado que não o seu próprio. Como exemplo desse fato, posso citar a cidade amazonense de Boca do Acre, que fica à 1560 km Manaus, capital do estado do Amazonas, e apenas a 222 quilômetros de Rio Branco, capital do estado do Acre, com fácil ligação rodoviária. Óbvio dizer que a população de Boca do Acre resolve as mais diversas situações, como problemas de saúde, em Rio Branco, e não em Manaus.

É nesse ponto que iniciaremos, de fato, nossa pequena história sobre uma viagem por mim realizada até uma família desses povos abandonados e esquecidos que ainda habitam as florestas. Não são mais exclusivamente seringueiros, são um misto de coletores, pescadores, caçadores, colonheiros (colonos), produtores de um mínimo necessário para se manterem vivos. Milhares recebem Bolsa Família e demais esmolas do governo. Enfim, sobrevivem como podem.

Seus filhos e netos, cada vez mais, desistem da floresta e passam para as periferias abandonadas e sem lei dos centros urbanos em busca de internet, celular, jeans, refrigerantes e similares, coisa bem normal a todos os seres humanos jovens, afoitos e desavisados. Às vezes, para um adolescente (ou até mesmo um adulto) pode parecer bem melhor ser miserável na luz elétrica e com internet do que viver esquecido na escuridão e no isolamento da selva, por mais espetacular que a floresta possa ser.

2
A VIAGEM

Existe uma grande diferença entre conhecer alguma coisa por teoria ou de forma presencial. Conheço muito da realidade da parte da Amazônia onde habito, entretanto, nunca estivera dentro de uma longínqua comunidade de "povos da floresta", remanescentes dos antigos seringueiros. De súbito, recebi o convite para conhecer os familiares de meu companheiro, um jovem professor proveniente da mistura de negro, branco e índio, um típico caboclo da Amazônia.

Fiquei um pouco apreensiva porque sabia das dificuldades da vida na zona rural do Acre. Já havia morado em uma colônia e conhecia os ramais barrentos na estação das chuvas (aqui chamamos de inverno), que vai de outubro a março, e poeirentos na estação da seca (aqui chamamos de verão), que vai de abril a setembro. Outro grande problema seriam os meruins, carapanãs (pernilongos), mutucas e toda sorte de insetos que atormentam as pessoas, principalmente na zona rural e nas florestas, sendo que as peles mais claras, como a minha, são as mais atacadas.

Também já havia feito caminhadas de várias horas dentro da mata fechada e conhecia bem os problemas a serem enfrentados, como o forte calor, animais peçonhentos, obstáculos naturais da vegetação e os incontáveis igarapés a serem cruzados, o que torna exaustivas as marchas, até mesmo as menores. A preocupação aumentava pelo fato de não ser mais tão jovem e nem tão leve.

Mas a curiosidade e o desejo de aventura foram mais fortes que o bom senso e eu aceitei. A viagem se dividiria em quatro etapas: a primeira teria um percurso de 200 km realizados de ônibus em estrada de terra, esburacada e lamacenta, ligando Rio Branco a um município cujo nome verdadeiro será preservado e que passaremos a chamar de Bonfim.

A segunda parte seria fretar um carro apropriado para trafegar na lama e se arriscar em um ramal cheio de atoleiros e buracos por mais cinquenta quilômetros, contando com um acordo verbal a ser firmado com o freteiro para nos buscar de volta no mesmo horário e local, três dias depois. Não haveria celular, internet, rádios ou qualquer meio de comunicação para algum tipo de imprevisto, caso o motorista contratado não retornasse para nos buscar no dia e hora combinados, estaríamos em sérios apuros. Era comum os habitantes daquela localidade dormirem dois ou três dias em alguma tapera na beira do ramal, sem luz elétrica, nenhum tipo de conforto nem alimentação, à espera de qualquer veículo que passasse e pudesse transportar as pessoas em troca de algum dinheiro.

A terceira parte seria uma caminhada de duas horas atravessando uma densa e alta pastagem cheia de bois brabos, de uma fazenda localizada à beira do ramal. Após a pastagem, caminhar por uma vegetação mais fechada e alagadiça antes de chegar ao Sapatinim, um igarapé (riacho) de pequeno porte na época da seca e médio porte na época das chuvas.

A quarta e última etapa seria uma viagem de duas ou três horas pelo Sapatinim, embarcados em pequeninas canoas que nos conduziriam até à família de meu companheiro, residentes na mata nativa e quase intocada.

É obvio que seria impossível realizar esse trajeto inteiro em apenas um único dia. Após a viagem de ônibus, seria necessário dormir em algum hotelzinho no município de Bonfim, havendo antes contratado um carro traçado, geralmente algum tipo de caminhonete, para sairmos rumo ao Sapatinim no dia seguinte, às quatro ou cinco horas da manhã.

Quando partimos da rodoviária de Rio Branco, confesso que estava muito mais preocupada e temerosa do que feliz e satisfeita. Me sentiria mais confiante se tivesse ido com meu carro, mas veículo de porte pequeno não venceria nem a primeira etapa da viagem, sequer chegaria até Bonfim nessa época de inverno amazônico.

O ônibus partiu completamente lotado às oito horas da manhã de um mês de março, época de chuva, que piorava o tráfego nas estradas e ramais, porém facilitava a navegação pelo Sapatinim. Na época seca, o igarapé quase sumia, se tornando inapropriado para a navegação, até mesmo dos "cascos" (nome local dado às minúsculas e rasas canoas), obrigando as pessoas a caminharem um dia inteiro pela mata fechada. Assim, a melhor época para realizar essa viagem era mesmo o período chuvoso.

O ônibus era velho e desconfortável, balançava muito e, várias vezes, deslizava na lama da estrada encharcada. Santiago percebia meu desconforto e fazia tudo que podia para tornar as coisas mais fáceis para mim. Pessoas vindas não se sabe de onde desciam do veículo com sacos, mercadorias e até mesmo crianças pequenas, no meio do mais puro nada. Eu olhava pela janela encardida e não avistava qualquer tipo de habitação, ficava imaginando para onde se dirigiriam aquelas pessoas com semblante sofrido e torrado pelo sol, mas que viajavam animadas, conversando alto e dando risadas. Quando menos se esperava, o ônibus parava novamente e alguém, molhado de chuva e sujo de lama, entrava cheio de bagagens no transporte.

Levamos mais de três horas para cobrir os cem primeiros quilômetros, então, o veículo encostou em uma espécie de lanchonete, cercada por fruteiras, galinhas e patos. Ao fundo, via-se chiqueiros com vários leitões gordos e de aspecto feliz. Mais ao fundo ainda, pastagens e vacas leiteiras. Logo se percebia que uma família inteira trabalhava no local produzindo ovos, leite e carne, e várias mulheres de diferentes idades faziam e fritavam grandes pastéis de carne moída e queijo fresco fabricado na propriedade.

Desci do ônibus e saí a procura de um banheiro, afundando os sapatos na terra barrenta, encharcada pela recente chuva. Caminhei com dificuldade até uma casinha a cinquenta metros de distância da lanchonete. O espaço era dividido ao meio, um lado para os homens e o outro lado para mulheres e crianças. A fila era grande, e o mau cheiro de urina e cocô exalava. Quando chegou minha vez, relutava em entrar, mas estava havia quase cinco horas sem urinar, desde o momento em que saí de casa em direção à rodoviária de Rio Branco, e ainda levariam mais umas três horas para chegarmos até Bonfim. Entrei no cubículo, encostei a porta e tentei dar descarga. Não havia água. Vergonhosamente, me abaixei e fiz xixi no chão enlameado pelos sapatos sujos de barro. Ainda bem que carregava papel higiênico em uma sacolinha plástica dentro da bolsa... Saí rapidamente e com vergonha do feito, mas foi a única opção possível diante de um vaso sanitário cheio de fezes e lambuzado de urina por todos os lados.

Me afastei do local visivelmente contrariada. Santiago me esperava bastante sem graça alguns metros adiante. Certamente que sabia o que eu havia passado no banheiro feminino, pois o masculino não teria sido diferente; entretanto, a natureza havia favorecido os homens com "canudinhos", facilitando a resolução de situações dessa natureza.

Nos dirigimos juntos até a lanchonete. O local era amplo e rústico, tinha uma enorme varanda ao seu redor com muitas mesas e cadeiras dispostas por todos os lados. Ao canto, uma pia com torneira e água, onde consegui lavar as mãos e o rosto. O estabelecimento estava totalmente cheio: pelas pessoas do ônibus, pelos vários caminhoneiros e mais gente sabe-se lá de onde mais. Santiago pediu dois copos de café com leite e pastéis de queijo fresco. Para minha surpresa, tanto o leite quanto os pastéis estavam deliciosos, com um ótimo aroma e gostoso tempero. Terminamos de comer, comprarmos água mineral e Santiago pagou a conta, bem ao tempo em que o motorista do ônibus anunciou a partida.

As pessoas nos observavam com curiosidade. Era notório que eu não pertencia àquele ambiente. Por mais que não seja rica nem cheia de frescuras, de fato não estava nada à vontade. Por outro lado, eu e Santiago não somos um casal comum, nossas diferenças físicas são bem marcantes. Era compreensível a curiosidade levantada ao redor, e que as pessoas mais simples não estão doutrinadas a disfarçar...

O veículo seguiu viagem e passei a observar meu companheiro. Estava feliz, não ligava a mínima para os olhares curiosos, procurava a todo instante me deixar confortável e relaxada. Ele já havia realizado esse mesmo percurso várias vezes, sabia o que estava fazendo e tinha enorme satisfação em me levar para conhecer sua família. Seu olhar esbanjava felicidade e ternura. Respirei fundo e tentei ficar menos tensa, meu companheiro merecia uma companhia agradável.

Por volta das quatorze horas, chegamos a Bonfim. Fiquei aliviada ao desembarcar. O plano seria Santiago procurar por alguns primos que residiam na periferia da cidadezinha para nos auxiliarem a entrar no Sapatinim na manhã seguinte. As gerações mais jovens de sua família estavam, cada vez mais, trocando a floresta pelas periferias das cidades. Seus pais haviam tomado o mesmo destino, optando pela periferia de Rio Branco, quando Santiago tinha três anos de idade, e o resultado não havia dado muito certo...

Assim que pisei fora do veículo, de cara reconheci uma amiga de infância que morava no local e viera até a rodoviária buscar uma encomenda vinda no mesmo ônibus que eu. Noélia estava bonita e feliz. Veio direto ao meu encontro, dando-me um forte abraço. O marido havia conseguido recentemente um ótimo emprego para ambos em um grande frigorifico local. De imediato, ofereceu estadia em sua residência e seguimos no carro de Noélia cidade adentro.

No percurso, Santiago pediu para passar na casa de um primo, onde combinaria um apoio para o dia seguinte. Noélia foi seguindo as orientações de meu companheiro e chegamos em uma residência de madeira, construída sobre palafitas, em um terreno alagadiço e cheio de mato. Apenas Santiago desceu do carro, voltando logo e visivelmente satisfeito. Alguns parentes estavam na cidade e retornariam ao Sapatinim no outro dia bem cedo. Ficou combinado de nos encontrarmos entre oito e nove horas da manhã seguinte em um local que eles utilizavam como acesso ao igarapé.

Retornando para o centro da cidade e logo chegamos em uma boa e grande casa, onde ficamos confortavelmente instalados. Muito bate-papo e excelente refeição. Conversamos várias horas e a alegria impregnava o ambiente. Sabendo de nossa viagem da manhã seguinte, o marido de minha querida amiga se ofereceu para levar-nos pelo ramal até o ponto onde deveríamos descer para ganhar as quiçaças e chegar até o Sapatinim.

Confesso que foi um alívio, pois nos livramos de fretar um carro, coisa que não sairia barato, como também me sentia mais segura, já que o casal amigo garantiu nos buscar no dia e horário combinados.

Nossa bagagem não era pequena. Levávamos apenas três mudas de roupa cada um, mas também iam alguns medicamentos básicos, repelentes, produtos de higiene pessoal, como creme dental, sabonete e papel higiênico, cobertas e redes, toalhas de banho e, principalmente um galão de dez litros de água mineral.

Isso mesmo, água mineral! Apesar da abundância de água região, as pessoas nativas dificilmente costumam ter filtros ou realizar qualquer outro procedimento de purificação. Não obstante a água ser boa, os organismos acostumados com água cloretada ou mineral, podem ter fortes diarreias e até vômitos ao beberam da água que brota diretamente da terra ou dos rios.

Como carregar tamanha bagagem nas costas até chegarmos às canoas? Como remar e conduzir a canoa rio abaixo? Santiago, apesar de haver nascido lá nas margens do Sapatinim, fora criado na cidade e não possuía as habilidades necessárias para a façanha. Dessa forma, dependíamos completamente de seus parentes para chegarmos ao nosso destino final.

Essas e outras inquietações atormentaram meu sono dessa noite. Santiago, que já fizera esse trajeto algumas outras vezes, estava tranquilo e confiante. Dizia que havia dezenas de famílias instaladas às margens desse igarapé, sabia que encontraríamos pessoas saindo e entrando nesse domínio de famílias da floresta, como havia acontecido todas as outras vezes em que fora visitar a avó, tios e demais parentes. Também haveria ajuda por parte de seus parentes que estariam junto conosco na manhã seguinte.

Acordei cansada da viagem de ônibus e da noite mal dormida. Instantes antes da saída, Noélia me perguntou se eu não achava necessário levar alguns produtos alimentícios, pois o isolamento dos povos da floresta costumava ser grande. Concordei, afinal, algum peso a mais não faria a diferença... Noélia abriu sua farta despensa e me autorizou a pegar tudo quanto achasse necessário, saindo do recinto para me deixar mais à vontade. Minha amiga era boa e desprendida, não existia o conceito de mesquinharia naquela criatura, certamente uma pessoa bem mais generosa de que eu.

De posse de um grande saco, peguei um pacote de pó de café, dois quilos de açúcar, uma lata de óleo, uma lata de leite em pó, duas latas de sardinha, dois pacotinhos de massa pronta para bolo, uma lata de manteiga, uma lata de Nescau, duas latas de leite condensado dois pacotes de bolacha, um quilo de macarrão, alho e cebola, e um pacote de milho de mugunzá (canjica). Uma pequena feira, que tentei pagar várias vezes, sem obter nenhum sucesso. A verdade é que Noélia e seu marido haviam caído do céu.

Saímos às cinco horas da manhã, abarrotados de mochilas e sacolas. Foi possível observar melhor a pequena cidade de Bonfim, um verdadeiro caos. Esgotos à céu aberto, ruas esburacadas e enlameadas, calçadas cheias de mato e entulho. Centenas de barracos misturados com casas grandes e até luxuosas... Logo na saída da cidade, um imenso e novo frigorífico, do qual meus amigos eram empregados. Minha cabeça tentava resolver o enigma de como haveria bois o suficiente, bem no meio da floresta amazônica, para alimentar o abate daquela enorme instalação. Onde estaria escondido tanto gado? Na verdade, durante a viagem de ônibus, pude verificar muitas fazendas na beira da estrada e uma mata compacta e escura bem lá longe, ao fundo das grandes pastagens...

Dez quilômetros após a saída da cidadezinha, entramos no ramal de acesso ao Sapatinim. Não passamos para buscar os parentes de Santiago que moravam na cidade porque já haviam contratado e pagado o freteiro que faria seu transporte. A caminhonete traçada sofria para superar cada quilômetro de buracos, lama e atoleiros, e os cinquenta quilômetros de ramal pareciam não ter fim. Imaginava o que aconteceria se alguém (ou eu), sofresse uma fratura, levasse uma picada de cobra ou tivesse uma simples dor de dente. Como sair de lá e chegar ao socorro mais próximo? Poderia demorar dias...

Levamos três horas para cobrir o trajeto de cinquenta quilômetros e descemos do carro no meio do mais absoluto nada. Apenas um barraco de madeira velha em péssimo estado de conservação estava erguido sobre a beira do ramal, servindo de ponto de apoio para entrada e saída dos moradores do Sapatinim. Eu olhava em volta e só via o ramal, as cercas, pastagens e lama. Mas, pra minha felicidade, lá estava o grupo de familiares do Santiago, conversando animadamente no meio desse nada.

Santiago abriu um grande sorriso. Seus parentes do Bonfim, que estavam entrando para o Sapatinim, já aguardavam e nos ajudariam a entrar junto com eles. Havia tios e primos dele no grupo. A alegria foi geral, muitas trocas de abraços e apertos de mão. Todos me examinavam de alto a baixo abertamente. Com olhares desconfiados, demostravam claro estranhamento à minha figura. Não existiam disfarces, as reações eram abertas e naturais.

Eu, acostumada às dissimulações da vida nas cidades, também os observava, mas discretamente. Eram baixos e magros, porém fortes. Os homens possuíam ombros largos e cintura fina, barriga visivelmente chapada e braços musculosos, não esse tipo de músculo desenhado por academias, mas um outro tipo mais natural, esculpido pelo trabalho bruto e pesado. A pele era cor de cobre, os cabelos, pretos e lisos, as mãos eram grossas e os pés eram mais grossos ainda, calcanhares rachados, unhas pretas de lama.

Quem não possuísse um par de botas, igual a mim, teria que andar descalço. Era absolutamente impossível qualquer outro tipo de calçado que não fosse coturnos ou botas conseguir andar por ali. Assim, os pés eram os mais judiados, e absolutamente todos estavam descalços, incluindo a única mulher do grupo, uma senhora de uns cinquenta e cinco anos a quem Santiago chamava de tia.

Sorriam fácil e os dentes perfeitos e brancos mais pareciam um colar de pérolas, já os meus, muitas obturações, canais e implantes, apesar de sempre haver ido periodicamente ao dentista e da higiene bucal rigorosa.

Foi com profunda preocupação que observei o carro de Noélia se afastando pela estrada. Antes, fizemos o acordo de sermos "resgatados" em três dias, no mesmo horário e local. Assim, as pessoas presentes se colocaram em direção à ampla e alta pastagem, separada do ramal apenas por uma cerca. Apesar de estarem com seus próprios fardos, imediatamente dividiram o peso de nossa bagagem entre eles, deixando Santiago apenas com uma mochila e eu sem absolutamente nada para carregar.

A mulher era a tia Néia. Morava na mata, mas tinha ido até a cidade receber seu Bolsa Família e comprar uns poucos gêneros alimentícios. Disse-me que receavam que eu não conseguiria chegar até onde a família morava. Sorrindo, respondi que conseguiria, mas o coração batia disparado, e eu sentia um aperto na garganta.

Passamos a cerca e ganhamos a pastagem alta até a cintura. Era cheia de bois brabos, e procurávamos manter distância desses animais. Impossível enxergar onde se pisava, o capim dava coceira nos braços e o sol ardia na pele. Eu, além das botas, estava de calça e camisa de manga comprida, também usava protetor solar e chapéu. Eles, descalços e com bermudas. A senhora, usava saia. Caminhamos por uma hora. O matagal, que à distância parecia perto, não chegava nunca. Mas chegou, e tudo piorou drasticamente...

Era uma "capoeira". Esse termo é utilizado em nossa região para designar as bordas da mata bruta que já foi derrubada e depois cresceu novamente, formando um matagal sem árvores de grande porte, mas extremamente fechado, com arbustos espinhosos, palmeiras de todos os tipos e muitas tabocas (um tipo mais fino de bambu, espécie de taquaras) e cipós. Existia nesse local um trieiro (caminho estreito), por onde as famílias do Sapatinim estavam acostumadas a passar. Devido às fortes chuvas, o trieiro estava alagado com um palmo de água cobrindo a lama preta e mole.

Em questão de instantes, apesar de eu não haver feito nenhum tipo de reclamação ou expressão de espanto sobre o trajeto, os homens cochicharam entre si, e dois dos mais velhos entregaram suas pesadas cargas para os mais jovens, já bastante carregados. Então, esses senhores procuraram e encontraram pelas imediações, troncos de palmeiras caídas e, de posse de dois troncos, um pra cada senhor, jogaram o primeiro tronco à minha frente, a mulher e um jovenzinho, cada qual colocado a um de meus lados, seguraram com força minhas mãos, e eu caminhei por sobre aquele tronco. O outro senhor, já adiante, colocou o outro tronco e, enquanto eu caminhava sobre o segundo tronco, apanharam do chão o primeiro e o colocaram mais à frente, e eu passei por cima, segurando nas mãos que me apoiavam aos lados para que eu permanecesse equilibrada.

Não pisei na lama, não me sujei, não levei escorregões ou tombos, simplesmente "asfaltaram" meu trajeto! Assim foi por uns mil e quinhentos metros, por todo o trieiro até chegarmos na mata virgem onde, cem metros depois, alcançamos as margens do Sapatinim numa clareira assombreada, fresca e limpa.

Chamavam o local de porto, pois vários cascos (pequena canoa feita de um único tronco de árvore), e duas ou três canoas estavam atracadas e amarradas às margens do igarapé. Todos sabiam qual era a sua, ninguém ficava ali vigiando as embarcações, e jamais alguma delas fora roubada.

Fiquei impressionada ao me deparar com uma pequena construção de tábuas velhas, cobertas com telhas de amianto, onde repousavam três motocicletas bastante "surradas". Eram de propriedade de famílias do Sapatinim. Ficavam por semanas, abrigadas embaixo da modesta construção, aguardando que o felizardo dono necessitasse se dirigir até a cidade. A pessoa seguia de casco até o porto, deixava sua canoinha e seguia até Bonfim de moto. Depois, voltava com a moto que ficava debaixo do frágil abrigo e pegava seu casco rio abaixo em direção à sua família. A motocicleta ficaria abrigada no mesmo local por mais algumas semanas, aguardando seu dono necessitar de transporte outra vez. Não existia porta ou cadeado, e nunca haviam sequer mexido em uma delas.

Passei a observar o local. O ar era deliciosamente fresco e puro. Ao contrário da capoeira, na mata o chão não era pantanoso. Uma areia muito branca e finíssima, lembrando o sal, cobria os arredores do porto, chegando até as águas do igarapé.

Não existiam palavras pra expressar a minha gratidão com tal desprendimento dessas pessoas. Aumentaram drasticamente o peso, o cansaço e a dificuldade do trajeto de todos para proporcionarem conforto e segurança a uma pessoa absolutamente desconhecida: eu! Foi uma das coisas mais impressionantes e caridosas que alguém já fizera por mim em toda a história de minha existência...

Outras surpresas nos aguardavam no porto. Encontramos um outro grupo de pessoas que acabaram de chegar da mata e estavam se deslocando até Bonfim para resolverem coisas e fazerem compras de alimentos. Levavam vários litros de óleo de copaíba (produto medicinal retirado de árvores nativas da floresta e extremamente apreciado em toda região amazônica) para vender em Bonfim.

Nenhum dos recém-chegados era dono de uma das motos, e não havia freteiro contratado para busca-los no ramal. Esperariam por qualquer carro de carroceria que passasse (coisa que poderia levar um ou dois dias), e pagariam pelo transporte até a cidade. O abrigo seria o velho barraco da beira do ramal e a sombra de alguma árvore. O alimento, uma grande lata de farofa de carne de paca, que levavam dentro de uma sacola. Água? A da chuva, a do rio, ou, em caso de necessidade extrema, a de alguma poça encontrada à beira do caminho. E era isso.

Agora éramos dois grupos, um que "entrava" e outro que "saía". No grupo que saía, havia um homem em especial. Era o Marquito, tio de Santiago, um caboco de uns trinta e cinco anos, extremamente compacto e forte, que chegava a impressionar pela pouca estatura e as omoplatas extremamente largas e vigorosas. Era exatamente na casa dele que iríamos ficar hospedados. Ele me olhava e analisava abertamente, parecia estar desassossegado com minha presença.

Deveria ser por volta de meio-dia, eu estava cansada e ansiosa para partirmos pelo rio abaixo. Queria chegar, tomar banho e almoçar. Como a prosa e as risadas pareciam não ter fim, peguei um pacote de bolachas e reparti com o grupo animado e ruidoso. Abriram uma lata de farofa cheirosa, e todos passaram a comer utilizando apenas as mãos nesse ato.

Apanhei um copo plástico e enchi de água mineral. Depois de acabar de receber tamanha ajuda pelo caminho, não ofereci de minha preciosa água a ninguém, teria que durar até a volta... Tia Néia retirou um canecão de alumínio de sua sacola e, dirigindo-se até a beira do igarapé, encheu-o até a borda. Sorveu tranquilamente o líquido e repassou para as demais pessoas do grupo. O canecão foi enchido outras vezes e, na maior naturalidade do mundo, todos beberam, menos eu e Santiago. Me esforçava sinceramente para participar da conversa amimada, fazia e respondia perguntas, brincava com eles (mas não compartilhei minha preciosa água mineral).

Em certo ponto, sem nenhum pouco de pressa, o grupo dividiu-se novamente. Uma parte saiu rumo ao ramal de acesso à Bomfim, e meu grupo inicial entrou nos "cascos". Apenas duas pessoas cabiam em cada casco, pois facilmente afundariam com um peso maior. Como sou grande e pesada, quem conduziu o casco onde fui embarcada, foi tia Néia, a mais leve do grupo. Assim, iniciamos lentamente o percurso de descida pelo Sapatinim.

Eu mal me mexia na canoinha. As mãos, agarradas uma de cada lado do casco, iam com as pontas dos dedos molhados pela água clara e fria do igarapé. Apenas dois centímetros era a diferença entre a altura da borda da canoa e as águas quase transparentes. Qualquer movimento mais brusco poderia nos fazer afundar. Meus olhos seguiam quase fixos nas margens, ou na profundidade da água que, nos pontos mais rasos, permitia enxergar lá no fundo, cheio de ramos, troncos e folhas. Me mantinha em alerta. Não sabia nadar, tampouco esperava entrar em embarcação tão pequena e frágil. Ficava tentando avaliar como sair do local no caso de o casco afundar.

As poucos, fui pegando mais confiança e diminuindo minha tensão. O lugar era belíssimo, eu enxergava a perfeição das águas claras e via peixinhos e demais belezas do fundo do igarapé, mas o pensamento imediatamente produzia a possibilidade de uma enorme e ameaçadora sucuri lá no fundo; sentia a sombra fresca das árvores que ficavam nas duas margens e, com seus compridos galhos, se entrelaçavam lá no alto, formando quase que um túnel de folhas verdes sobre nossas cabeças, mas aí vinha o medo de vespas venenosas ou de uma pequenina e mortal cobrinha cipó (espécie peçonhenta, fininha, verde e comprida que habita nas copas e galhos das árvores e se parece com um inofensivo cipó) deslizando dos galhos e caindo sobre nossas cabeças... É verdade, confesso, o medo estava virando paranoia.

A viagem prosseguia calma e tia Néia remava com destreza e força. Os locais de águas profundas chamavam de "poço", os locais onde o igarapé se dividia, formando dois cursos distintos de água, um mais profundo e outro mais raso, que se ligariam novamente mais adiante, chamavam de "furo". Pegar um furo era escolher e entrar pelo braço mais curto dos dois cursos d'água. A conversa continuava animada, as pessoas proseavam felizes com seus interlocutores em canoas distintas, pois todos iam bem próximos. Inacreditavelmente, ouvia-se o irritante ruído do motor de uma ou mais motosserras ao longe.

Pude observar muitas flores que nunca havia visto em toda minha vida. Uma orquídea pendurada de um galho sobre nossas cabeças me deixou boquiaberta. Era como um enorme candelabro aceso, dependurado em um firmamento verde, com centenas, repito, centenas de flores pendidas em infinitas partes da planta, como se fossem chamas de velas, de cores amarelo, laranja e vermelho. Era luxuriante, mas ao mesmo tempo de uma enorme delicadeza e perfeição primorosa, impossível de esquecer.

Finalmente, avistei uma casinha bem alta do chão. Era coberta de palhas, e uma escada dava acesso à casa. Por debaixo, havia redes penduradas nas vigas do assoalho. O quintal de areia branca e fina era limpíssimo, com árvores frutíferas por todos os lados. O local possuía uma beleza pura e singela. Desembarquei com dificuldade, pois tinha medo de virar a canoa e cair na água.

Desci e relaxei feliz. Imediatamente procurei uma moita para me esconder e fazer xixi, não sem antes vistoriar bem o local, pois logo imaginava uma cobra picando minhas nádegas. Com surpresa e decepção, logo descobri que não era o nosso destino final. Nossos anfitriões resolveram parar para uma visita ao amigo e vizinho, o Fornalha.

Foi ali que conheci um casal mais "diferente" e improvável que eu e Santiago. O homem era um paranaense, ninguém sabia como chegara até àquelas paragens. O porte era firme, o físico alto e magro, olhos azuis, pele curtida de sol, aparentava uns quarenta anos de idade. Sua imagem lembrava Clint Stuart na meia idade. Não era especialmente bonito, mas transbordava masculinidade. Em sua pequena propriedade, tudo era muito bem cuidado e limpo.

Logo a seguir, de dentro da casa desceu uma mulher pela escada. O homem apresentou-me sua companheira, era uma indígena pura, baixinha e um pouco gordinha, os cabelos lisos e compridos abaixo dos ombros. Era completamente cega de um olho, que parecia uma bola de gude esbranquiçada, os seios pendiam soltos por debaixo de uma veste clara, feita de uma espécie de tecido de algodão cru. Aparentava também uns quarenta anos de idade e era visivelmente tímida.

Não me lembro de seu nome, falava pouco e educadamente. Fez questão que eu subisse as escadas e fosse tomar um café lá em cima. Subi com alguma dificuldade, pois a escada era bem frágil, como aquelas utilizadas pelos carpinteiros para subir em telhados. Chegando ao alto, sentei-me em um banco de madeira. Rapidamente, a mulher coou um café bem fraquinho e doce e me serviu numa canequinha de plástico. Ligeira, levou um bule cheio para as pessoas que se acomodaram embaixo da casa.

Esse cafezinho ralo e dulcíssimo é muito comum em toda a Amazônia. O pó de café costuma ser muito caro, devendo ser economizado, e o açúcar adicionado ao cafezinho geralmente é o único açúcar a ser consumido durante o dia inteiro. Não existem biscoitos recheados, balas ou sorvetes, bolos e roscas ou pães quentinhos saindo cheirosos dos fornos da padarias bem ali na esquina. Então, o açúcar do cafezinho é o único a disposição dos organismos ávidos por energia...

A senhora voltou rapidamente e me serviu leite de vaca, fresquinho, tirado no mesmo dia. Tinham uma vaca parida bem ali. Tomei o líquido quente e me senti reconfortada. A mulher me contou que o marido havia trazido a vaca, já prenhe, amarrada dentro de uma canoa. Quando a vaca parisse, daria leite para alimentar o único filho do casal. Olhei ao redor, procurei pela criança e não encontrei nenhum vestígio que denunciasse sua presença.

Percebendo meu movimento, ela me chamou até uma janela e, lá do alto, me apontou uma árvore frondosa no fundo do grande e limpo quintal. Logo embaixo da árvore, cercada por várias plantinhas floridas, uma solitária cruz era abrigada por uma sombra fresca e amiga. Eu quase não acreditava no que via. Um pesado silêncio caiu sobre nós duas. Não houve mais palavras ou explicações, eu compreendi tudo. Olhamos rapidamente nos olhos uma da outra. Só quem já perdeu um filho, uma criança amada, sabe do tamanho e da estupidez dessa dor, e eu, infelizmente sabia...

A imensidão verde, portadora de imensa reserva de água doce e maior biodiversidade do planeta, pode cobrar um alto preço de seus habitantes. Esse berço de tanta riqueza e abundância também pode ser eficientemente cruel.

Não seria a primeira e nem a última criança a ter perdido a vida na vastidão e isolamento da selva. Já no primeiro e no segundo ciclo da borracha, onde milhares de homens "soldados da borracha" foram literalmente plantados e abandonados nas brenhas da selva, era fato corriqueiro as crianças serem enterradas nas barrancas dos rios, vítimas das verminoses, malárias, desidratações... Brasileiros sem registro e sem certidão de óbito, seres inexistentes, filhos esquecidos de uma pátria-mãe que caminha, quase sempre, em desgoverno nas mãos de omissos dirigentes-cafetões. Crianças que nasceram e morreram sem uma única chance. Qual a solução? Irem todos para as periferias das cidades? Quando se está à margem da sociedade, não importa muito onde se vive, provavelmente se será um excluído do sistema, peça fora do jogo.

Grande parte das mães da floresta é desamparada. Elas carregam a tristeza pela perda de seus "anjos" abafada no peito. "Foi Deus quem quis, foi Deus quem chamou seu menininho ou precisou de sua menininha, estarão melhor no céu sendo um anjinho junto com Nossa Senhora". Precisando acreditar nisso, essas mães vão carregando caladas o fardo de tamanha dor. Assim era com essa mãe que me oferecia do leite que seu "anjinho" jamais poderia beber.

Por outro lado, muitas mães podem facilmente se transformar em mulheres apáticas, omissas com seus filhos, como forma de se blindarem frente a tantas dificuldades e sofrimentos. Se morrer, foi Deus que quis, se nascer outro, foi Deus que mandou! Agarram-se nessa crença no desespero de suportarem a amargura de sua vida, correndo o risco se empedernecerem com o passar do tempo.

Também é frequente o fato de famílias que não podem sustentar a prole numerosa literalmente entregarem algumas de suas crianças para pessoas próximas, ou mesmo distantes, que prometam oferecer um futuro menos desgraçado para seus filhos. Geralmente, essas crianças serão babás, ajudantes, peões, domésticas dessas famílias, até obterem a maioridade. Algumas conseguirão frequentar a escola noturna e obterão diplomas. Outras conquistarão postos razoáveis de trabalho, no governo ou comércio. Existem as que se casarão e formarão fortes laços na nova família. Entretanto, boa parte será explorada, e até mesmo abusada, dando sequência ao ciclo vicioso da miséria e da exploração.

A esperança de que os filhos possam vir a estudar e ter uma vida melhor que as suas impele os pais, em um misto de resignação, dor e misericórdia, a doarem seus rebentos, sonhando com um futuro bom para os filhos. Também é fato que uma boca a menos para alimentar põe comida na boca do irmão mais novo e mais frágil ainda. As mães que criam seus filhos na absoluta miséria, tanto faz se no norte ou no sul, na floresta, no sertão ou na serra, sofrem horrores em qualquer lugar do planeta...

É óbvio que nem todos os moradores da floresta vivem em situação de pobreza ou miséria. Existem milhares de famílias que conseguem adaptar e organizar seu modo de vida dentro desse sistema amazônico e progridem com fatura e abundância. Incontáveis mães são exitosas na empreitada de proporcionar abastamento e proteção à prole. Existem incontáveis exemplos de matriarcas fortes e exitosas. Nem tudo é desgraça. Entretanto, as condições de vida na Amazônia, dados a distância e o isolamento, tendem a ser bem mais extremas de que em outras localidades do país, principalmente para as mulheres e as crianças.

Descemos em silêncio e ficamos ouvindo a conversa das pessoas que falavam sobre o avanço das fazendas e a derrubada da floresta ao redor de suas pequenas propriedades. O homem tratava a mulher com brandura, pude perceber um certo cuidado quando dirigia a palavra para a companheira, e isso me reconfortou o coração.

O grupo conversava animado sobre como estavam ficando ilhados, a caça estava sumindo, e os peixes, desaparecendo. Cada um havia ganhado do governo o documento de legalização de sua terra, dez hectares ao todo, para cada chefe de família. Impossível sobreviver do extrativismo vegetal em apenas dez hectares de terra. Se perguntavam, meio atordoados, como fora que fazendeiros desconhecidos haviam adquirido dois ou três mil hectares de terra cada, e as famílias deles, que moravam ali há quase um século, haviam conseguido o título de apenas dez hectares cada.

Depois de uma hora e meia naquele local, continuamos nossa viagem. Até hoje não sei de que a criança morreu, mas soube que o casal teve outros dois filhos e continua lá, vivendo no mesmo local.

Descemos o Sapatinim por cerca de mais uma hora, quando percebi a orientação para pararmos em outra habitação. Não tinha muita noção do tempo e percebi que nenhum dos presentes se preocupava com horários. Era uma pequena casa, ainda em fase de construção. Tinha o chão de madeira e o telhado prontos, mas as paredes ainda estavam por ser construídas. Um canto estava cercado de lona preta e servia de dormitório. Havia redes penduradas e muitas crianças. A animação continuava e assuntos não faltavam.

Nesse momento, a dona da casa nos trouxe um caldo muito saboroso feito de peixes bem pequenos e cheiro verde (aqui é composto por cebolinha, coentro, chicória do norte e pimenta de cheiro), junto com um punhado de farinha d'água (um tipo de farinha bem grossa, com cheiro forte e característico, feita com mandioca amolecida e fermentada dentro da água, também é conhecida por farinha de caboclo). Todos comiam, inclusive as pessoas da casa. Percebi que eu fora a única a receber em meu prato um bocadinho de um saboroso feijão de corda. Estimo que fosse em torno de três ou quatro horas da tarde.

Observei que havia uma criança pequena, de uns dois anos de idade, ou menos, deitada no fundo de uma rede. Depois que todos comeram, uma outra criança mais velha se encaminhou até a rede levando uma cuia com um pirão fino, feito do caldo de peixe com a farinha d'água e ia colocando bocados na boca da criança menor, que permanecia, agora, sentada na rede. Um tempinho depois, discretamente me aproximei. Com horror, verifiquei que a criança pequena tinha em torno de quarenta por cento, ou mais, de seu corpo completamente queimado. Uma perninha, um braço, omoplata e a parte posterior da cabeça, de onde haviam caído todos os fios de cabelo.

Não pude deixar de me dirigir até a mãe e perguntar sobre o ocorrido. A mulher relatou que havia saído para a mata junto com o marido, para ajudá-lo em um trabalho pesado, que não me recordo mais qual era. As quatro crianças haviam ficado o dia inteiro sozinhas, sob os cuidados da irmã mais velha, de oito anos de idade!!!! Quando a primogênita acendeu um fogo no chão e colocou água para ferver, objetivando cozinhar um macarrão para se alimentarem, se distraiu e o pequenino, com fome, caíra por cima da panela de água fervente. Os pais chegaram horas depois e encontraram o pequeno agonizando naquela situação. O menino não havia sido levado ao hospital ou tomado um único remédio para dor, somente chás e emplastos de ervas que conheciam, e a irmã mais velha ganhou uma peia (surra), pelo descuido.

Não tiveram como procurar socorro na cidade. Seria extremamente difícil conseguir chegar até o ramal com os quatro filhos, ainda mais com o menorzinho todo queimado. Caso conseguissem chegar até o ramal, poderia levar dois ou mais dias até passar o primeiro carro para a cidade e, mesmo assim, não havia dinheiro para pagar o frete. Se um freteiro generoso os levasse de graça por conta das queimaduras do menino, onde se hospedar e como se alimentar no Bonfim? Além do mais, o menino poderia morrer durante todo esse percurso. Então, fizeram tudo quanto puderam ali mesmo. Mas o pior já tinha passado, pois a criança já dormia a noite inteira e quase não chorava mais de dor. A vida ali era assim, difícil... Tiveram sorte e caso encerrado.

De fato, verifiquei que os ferimentos estavam quase todos curados, restando enormes cicatrizes rosadas. Apenas no couro cabeludo do pequeno ainda havia feridas abertas. Imaginei o desespero da menina mais velha sem saber o que fazer nem como agir diante da situação do irmãozinho. Senti pena da garotinha transformada em dona de casa e babá aos oito anos. Provavelmente, casaria e seria mãe aos treze, perpetuando o ciclo da pobreza. Até hoje me sinto horrorizada ao imaginar a dor e o sofrimento que o menino havia passado. Dei graças a Deus por não haver queimaduras no rosto e nos órgãos genitais do menino.

Saímos em torno de uma hora depois. Quando o sol quase se punha, avistamos várias casinhas próximas umas das outras. Um homem alto e branco estava dentro do igarapé com água até a cintura, e uma mulher cabocla lavava sua cabeça e esfregava suas costas. O homem era o pastor, e a mulher era a sua esposa e professora da comunidade.

Enfim, havíamos chegado.

3
Três dias no Sapatinim

Chegamos à localidade de residência da grande maioria dos familiares de Santiago quase às dezoito horas. Começava a escurecer e não era possível observar direito as imediações. Dava apenas para perceber que havia várias pequenas construções em uma clareira a uns cinquenta metros de distância do igarapé, sobre um terreno bem mais alto que as margens do Sapatinim. Uma pequena trilha subia o barranco e alcançava as moradias. As canoas foram amarradas em tocos de madeira fincados na areia do rio e subimos pelo trieiro.

Foi uma festa. Os viajantes desembarcaram nossas bagagens na casa de Marquito e da avó de Santiago e tomaram rumos distintos, cada um para sua casa, todas espalhadas na mesma clareira. Diziam que voltariam mais tarde para conversar.

Ficamos hospedados na casa de Dona Mariana, a avó de Santiago e matriarca da numerosa família. Marquito, o caboco forte e com ar de preocupado, que encontramos no porto indo em direção ao Bonfim, era um dos muitos filhos de Dona Mariana e tio de meu companheiro.

Marquito era casado com Joana e tinha três filhos. Todos moravam com Dona Mariana enquanto a casa de sua família estava sendo construída ao lado da casa da mãe. Marquito se mudaria para a casa nova quando ficasse pronta, deixando Dona Mariana mais à vontade no espaço só dela.

A casa de Dona Mariana era pequena, feita de madeira bruta e um tanto velha. Possuía uma pequena cozinha com um fogão a gás brilhando em um dos cantos como um belo enfeite, pois logo se percebia que não era utilizado. Depois, vinham dois pequenos quartos e uma varanda na lateral, que servia como sala e dormitório para as frequentes visitas. Era o local onde eu e Santiago ataríamos nossas redes para dormir durante as noites que ficássemos no local. Do lado de fora, logo em frente à cozinha, existia uma cobertura de palha com um fogão à lenha aceso, uma mesa e uma prateleira cheia de utensílios de cozinha. Era ali que, de fato, se cozinhava...

As pessoas pareciam constrangidas e curiosas quanto a minha presença. Entretanto, todos riam e conversavam animados. A essa altura, já havia escurecido completamente. Eu e Santiago pegamos roupas limpas, sabonete e toalhas e descemos até o igarapé, na intenção de tomar nosso banho. Havia uma grande prancha de madeira na beira do riacho, que possibilitava se lavar pisando sobre o lenho e evitando sujar os pés na terra. Apenas isso e mais nada. Não havia nenhuma parede ou cercadinho de lona ou palhas de coqueiro, éramos apenas nós, a prancha e a água, cercados pela mata e cobertos pelo céu já cheio de incontáveis estrelas.

Fiquei de calcinha e sutiã e iniciei meu banho auxiliada por Santiago, que ia retirando baldes da água limpa e extremamente fria do Sapatinim, e me entregando. Totalmente desajeitada e embaraçada pela exposição física, tomei o banho o mais rápido possível. Olhava ao redor e não percebia ninguém observando, mas a situação me parecia bem constrangedora.

Voltamos para a casa e não pude verificar um único movimento para se fazer qualquer tipo de alimentação que servisse como jantar. Tentando ser amável, perguntei se Dona Mariana gostava de mungunzá (também conhecida em outras regiões por canjica). A senhora respondeu que apreciava muito e que fazia tempos que não comia mungunzá. Então, disse que havia trazido o milho e perguntei se poderia fazer o quitute, ao que a senhora se demonstrou bastante satisfeita com minha intenção. Rapidamente me trouxe uma panela de pressão que mais parecia um espelho de tão limpa e brilhante. Coloquei o milho junto com água do rio dentro da panela, em poucos minutos estava cozido e macio devido à forte quentura do fogão à lenha, que com suas fortes labaredas cozinhava rápido e, ao mesmo tempo, iluminava o ambiente.

Junto ao milho cozido, despejei uma pitada de sal, açúcar e umas três colheradas de leite em pó. Fiz com bastante caldo, porque havia muitas pessoas chegando e desejava servir a todos. Ficou até bem gostoso, e começamos a comer a iguaria dentro de copos de extrato de tomate (utensílio bastante comum também na minha casa). Outras pessoas foram chegando, puxando banquetas, improvisando bancos de troncos de madeira. Acabaram por buscar alguns bancos em um barracão um pouco maior que as outras construções e que servia como igreja para a comunidade.

Assisti à multiplicação dos pães e dos peixes, realizada outrora por Jesus Cristo, ocorrer bem diante dos meus olhos... Todos as pessoas (umas trinta entre mulheres, homens e crianças, iam chegando e comendo um bocadinho do mungunzá, que parecia brotar e crescer dentro da panela. Todos comeram duas ou três colheradas e um rapaz retardatário literalmente passava os dedos pelo fundo da panela, lambendo-os em seguida, na tentativa de saborear o restinho do caldo do mungunzá. Risos, piadas, causos, gente feliz. Feliz!!!!

Fomos dormir pelas vinte e duas horas. Primeiro, procurei uma parte distante do quintal amplo, para fazer xixi por de trás de uma moita. Não havia nenhum tipo de privada em todo o local. Uma tia do Santiago foi me acompanhar, também estava "apertada". Percebi que pessoas observavam quando eu ia até o "matinho fazer xixi", desde o momento da chegada, mas não sabia bem o porquê. Depois, tratei de ir escovar os dentes com um copo de água. Santiago amarrava os punhos das redes na varanda. Uma rede ao lado da outra. Deitamos. Me cobri e, em silêncio, repassava em pensamento todos os momentos do longo, quase infindável dia. Pra minha felicidade, não percebi a presença de nenhum carapanã (pernilongo).

No local não havia água encanada, banheiro, luz elétrica, sequer uma estrada que desse acesso ao pobre e abandonado Bonfim. Mas era abundante em pessoas ativas e felizes que se movimentavam muito e riam com facilidade. Não conseguia dormir. Não me acomodava na rede. O corpo doía muito, a coberta esquentava por cima, mas por debaixo da rede corria um vento gelado, que vinha lá de baixo, lá do Sapatinim.

Uma hora depois, não havia dormido. Cochichei baixinho:
– Santiago! Você ainda está acordado?
– Sim. Não consigo dormir. Acho que desacostumei de dormir em rede.
– E eu, então, que nunca dormi em uma rede a vida inteira... Acho que não vou conseguir.

Em silêncio, Santiago e eu, descemos das redes. Ele desatou as amarras de ambas as redes e cobriu com elas, bem junto à parede de um quarto, um pedaço do chão de tábuas brutas e cheias de brechas. Deitamos no assoalho de madeira forrado com as duas redes, e colocamos as cobertas por cima. Ficamos quietinhos. A noite foi péssima, meu corpo doía e não havia nenhuma posição que fosse boa. Atravessamos a noite quase sem dormir. Quando o sol principiava a tingir o horizonte de vermelho, as pessoas começaram a se movimentar e rapidamente nos levantamos do chão. Estávamos um "trapo".

O fogo foi aceso e um café bem fraquinho e extremamente doce foi coado, e apenas isso. Peguei o segundo pacote de bolachas que havia ganhado de Noélia e passei a distribuir a todos os que estavam presentes. Convidada por Santiago, logo após o café da manhã, fomos visitar as outras residências do local. Havia ao todo oito pequenas casas, muito parecidas com a casa de Dona Mariana. Ao todo, trinta e sete pessoas habitavam no lugar dessa clareira. Entretanto, descendo mais um pouco o igarapé, havia mais casas de parentes que faziam parte do mesmo grupo de irmãos, tios e primos, morando a um ou dois quilômetros de distância. Chamavam o lugar todo de "seringal", apesar de ninguém mais cortar seringa por ali já fazia muitos anos. Alguns membros da família haviam se mudado para a periferia de Bonfim, ou de Rio Branco, tal como os pais de Santiago haviam feito a muitos anos atrás.

Também existia uma construção onde funcionava, precariamente, uma escolinha. O espaço era dividido em duas partes: uma varanda aberta com carteiras, uma prateleira com uns poucos livros didáticos surrados e alguns cadernos, um quadro de giz e uma mesinha para a professora. A outra parte servia como residência para a jovem docente Janaína e seu marido, o pastor Sinval. Eram as pessoas que se banhavam no igarapé, logo de nossa chegada. Fomos recebidos pelo casal, que nos mostrava a escola e ao mesmo tempo explicava que Janaína lecionava de 1ª à 4ª séries de forma multisseriada naquele pobre e triste espaço. Ela era funcionária da prefeitura de Bomfim, ganhava em torno de um salário-mínimo por mês pelo trabalho que exercia ali.

Em seguida, o pastor nos convidou para uma visita à igreja. Era a maior e melhor construção do local. Toda de madeira e coberta de telhas de amianto, possuía uma grande porta de entrada, várias janelas em ambas as laterais, uma dezena de bancos de tábua e um altar. Este último estava solenemente coberto por uma toalha de renda branca, onde repousava uma bíblia aberta. Sinval era falante e nos convidou para o culto daquela noite de sábado. Após, retornamos para a casa de Dona Mariana.

Já eram quase onze horas da manhã e não existia nenhuma movimentação para o almoço. A senhora estava desconfortável e agitada. Nesse instante, uma criança subia o barranco do igarapé, local onde a mãe estava a lavar uma trouxa de roupa, e se dirigiu até a avó:

– Vó, a mãe tá com fome, pediu pra mandar o almoço.

A idosa imediatamente pegou uma cuia e encheu-a até a borda com farinha d'água, soltando um punhado de sal por cima e entregando o alimento à criança, que desceu novamente em direção à mãe e ao igarapé. Era isso! Não havia alimentos na casa! Marquito estava se dirigindo até Bonfim para fazer compras e sabia que não encontraríamos alimento em sua residência, por isso sua preocupação!

Olhei ao redor. Havia algumas poucas bananeiras, uns pés de mamão e muita macaxeira. Entretanto, aquele tipo de mandioca servia somente para fazer farinha, porque era da espécie venenosa conhecida por macaxeira braba. Essa espécie produz muito mais farinha que a mandioca comum, entretanto, sua ingestão *in natura* é absolutamente mortal, servindo apenas para a confecção de farinha. Não havia um bom pomar, hortas ou canteiros, nem criações de galinha ou porcos. Apenas o igarapé à frente, os casebres na clareira e um cinturão de mata ao fundo. Ao longe, ouvia-se o "gemer" incessante das motosserras...

Lembrei-me imediatamente do meu curso de Pedagogia, feito na Universidade Federal do Acre, e das aulas de História da Amazônia, ministradas pela saudosa professora Corina. Foi lá que aprendi que, durante os dois ciclos da borracha, os seringueiros eram proibidos de plantar qualquer coisa além de uns poucos pés de macaxeira "mansa", alimento básico ingerido com carne de caça ou peixe. Caso fossem pegos ao menos com um pequeno canteiro, tudo seria destruído pelos jagunços do seringalista, e o seringueiro ainda poderia ser castigado. Não era permitido o plantio porque o seringueiro perderia um pouco de seu tempo de cortar e defumar a seringa enquanto trabalhava em suas próprias plantações, bem como compraria pouco no barracão de aviamento (armazém do seringalista, onde se vendiam alimentos a preços exorbitantes), possibilitando que devesse menos, diminuindo o lucro do patrão. Assim, foram criadas várias gerações de povos da floresta com excelentes habilidades em caçar, pescar, coletar castanha e seringa, dentre outros, mas sem o costume de cultivar hortas, pomares e similares. Fato, inclusive, que fez com que esses povos fossem taxados como preguiçosos por alguns "sulistas" recém-chegados, lá na década de 1970.

Avaliando a situação ao meu redor, tudo quanto pude avistar foram mamões verdes, mas isso me bastava. Eu nunca havia morado no meio da floresta, mas havia nascido em um sítio e residido por um bom tempo nas colônias dos ramais do Acre, sabia o que fazer...

Perguntei à dona da Mariana se poderia fazer uma comida com alguns mamões verdes, ao que ela me respondeu que sim, pois os macacos vinham sempre ao amanhecer do dia e comiam os mamões e bananas ainda antes de amadurecerem, então, eles não aproveitavam quase nada dessas frutas. Sob meu comando, Santiago apanhou muitos mamões, começamos a descascá-los, lavá-los e cortá-los miudinho. A notícia de que a mulher do Santiago ia fazer um almoço de mamão verde correu igual fogo no capim seco. Em minutos, muitas mulheres e mocinhas estavam descascando, lavando e picando os mamões, enquanto outras acendiam o fogo ou faziam tudo quanto eu instruísse. Não acreditavam que pudesse ficar bom, porque mamão verde "só prestava pra fazer doce".

De posse de um tacho de mamão picadinho, coloquei óleo, alho, colorau e quase todo o mamão no fogo. Procurando pelos arredores da casa, encontramos muitas moitinhas de chicória do norte (um tempero muito apreciado pela população local e que brota facilmente pelas beiradas dos quintais), adicionei sal e chicória picadinha. O restante do mamão verde, joguei em outra panela e cobri com um quilo de açúcar, fazendo doce de mediana qualidade. A essa altura, passava do meio-dia, e o local fervia de gente. Olhando aquele quilinho de açúcar, minha mente repetia para mim mesma: bendita Noélia!!!

Logo começamos a servir em pratos de plástico, tipo os de escola e muito utilizados na região, uma concha do refogadinho de mamão verde com um punhado de farinha de caboco. As pessoas comiam com vontade, mal acreditando no bom sabor do alimento. Impressionante a atitude das crianças. Não invadiam o recinto, não choramingavam nem pediam da comida. Sabiam esperar respeitosamente que algum adulto as servisse, e sim, foram servidas. Após, doce de mamão ainda quente como sobremesa, um bocadinho pra cada. O "almoço" virou outro evento, e eu, uma celebridade. "A mulher do Santiago sabia cozinhar e conhecia as coisas da mata!!!"

Daí em diante, não fiquei mais nem um segundo sozinha, os homens e rapazes me observavam de longe e as mulheres me cercavam puxando conversa entre gracejos e risadas. Pelas três horas da tarde, entre cochichos e gargalhadas, fui conduzida até um dos quartos da casa. O local possuía uma cama de casal, algumas redes penduradas e caixas de papelão, onde era possível observar a presença de roupas dobradas e guardadas.

Não entendia o que se passava, então uma delas me pediu que eu tirasse a roupa. Só a roupa de cima, queriam observar a minha pele branca e meu corpo grande e muito acima do peso. Sabia que esse era um costume comum das índias quando uma mulher branca chegava nas tribos, mas não esperava encontrar essa atitude naquele local. Tirei, mantendo apenas calcinha e sutiã. As mulheres se aproximaram, examinavam cuidadosamente minha pele, apalpavam os pontos mais cheios de gordurinhas, riam de minha cor e tamanho (tenho uma altura mediana de 1,65 sendo, entretanto, considerada alta para elas, que possuem em torno de 1,48). Ficavam ao meu lado se comparando comigo e riam muito. Não era uma risada de deboche, era pura curiosidade e estranhamento com o diferente. Após trinta minutos de minuciosa inspeção, concluíram que eu era a mulher mais branca, mais gorda e mais grande que já haviam conhecido e tocado. Veredito final: era um pouco velha para o Santiago, mas era muito bonita, educada, sabia cozinhar e não reclamava de nada. Ele tivera boa sorte! Caso encerrado.

Saímos do quarto às gargalhados e cada qual foi voltando para sua casa. Quinze minutos depois, alguém que nunca soube quem era me enviou por uma criança uma panelinha de suco de açaí, alimento rico e muito apreciado. Agradeci, emocionada, mas precisei me esforçar para ingerir a bebida, sabia que era feita da água do rio sem filtrar. Graças a Deus, não me fez mal algum.

    A tarde seguia abrasadora. Apesar de ser a estação das chuvas, o calor estava asfixiante e o sol não arrefecia. Tinha vontade de tirar a roupa quente, com camisa e calça compridas, mas os insetos não davam trégua. Santiago e eu resolvemos ir tomar banho mais cedo, por conta do culto para o qual havíamos sido convidados. Coloquei um vestidinho leve e solto que facilitava lavar as partes íntimas sem tirar a roupa, e desci rápido para o igarapé. Uma legião de mosquitos me acompanhava. Passei muito xampu e sabonete pelo corpo, e os insetos se afastaram um pouco. Santiago pulou na água e começou a nadar. Dentro de três minutos, o igarapé estava lotado de primos e primas mais jovens. Eram risadas, piadas, apostas de quem nadava mais rápido ou de quem ficava mais tempo com a cabeça em baixo d'água. Nadaram e brincaram por mais de uma hora, enquanto eu continuava sentada sobre a prancha de madeira, jogando água fria por todo o corpo. Uma menina de uns dez anos de idade veio nos chamar porque um tio nos esperava. As brincadeiras cessaram e subimos rápido.

    Era um dos senhores que haviam me ajudado na travessia da capoeira no dia anterior. Cumprimentamos o homem e rapidamente trocamos de roupas em um quarto. Esse era o tio "Radialista". Tinha esse apelido desde criança porque falava muito, gostava de conversar sem parar. Descobri que o Tio Radialista era o marido da Tia Néia. Ele havia saído de canoa bem cedinho em direção a outro grande grupo familiar, que habitava bem abaixo no Sapatinim. Fora buscar mandioca "mansa" pra que eu pudesse jantar.

    Entenda! O homem havia deixado seus afazeres e remado por horas, rio abaixo e acima, para me providenciar alguma alimentação. Muito parente próximo não faz isso pela gente... Comi com vontade, deixando ele perceber o quanto eu apreciara o presente. Foi coado um café adocicado que, junto com a mandioca cozida, foi o jantar de todos da casa. Tio Radialista ficou visivelmente satisfeito e queria contar algumas de suas histórias. Para não faltarmos ao culto, a conversa ficou agendada para logo após a saída da igreja.

O pequeno templo de madeira bruta era iluminado por duas lâmpadas alimentadas por uma bateria de carro. As pessoas foram chegando, inclusive de outras localidades próximas, que vinham em canoas. Estavam todos banhados e de cabelos penteados. As roupas, ainda que muito simples, eram visivelmente melhores do que as utilizadas no dia a dia. A reunião possuía um tom solene e as pessoas se sentavam em silêncio respeitoso.

Logo iniciaram os cantos e salmos de louvor em completo desafino e absoluta devoção. Quase todos os presentes, inclusive as crianças pequenas e os não alfabetizados, ostentavam orgulhosamente uma bíblia. O pastor iniciou sua pregação e falava sobre o pecado do vício do álcool e de seus malefícios, acusando o "inimigo" como o culpado pela ingestão de bebidas alcoólicas e consumo de tabaco. O silêncio vigorava, até mesmo entre as crianças. Após uns trinta minutos de fala, a palavra foi compartilhada entre os membros da assembleia. Timidamente, duas ou três pessoas, passaram a dividir suas opiniões sobre o tema proposto e testemunhar sobre os problemas que enfrentaram no tempo em que bebiam, fumavam e frequentavam festas. O pastor demonstrava bastante satisfação diante dos depoimentos.

Em dado momento, percebi que desejavam saber se eu já havia "aceitado Jesus", ao que respondi que era de família cristã e acolhera o cristianismo desde sempre. Compreendendo onde o pastor pretendia chegar, declarei que não fumava, não bebia e que conhecia relativamente bem a bíblia, dando a cessão de perguntas por encerrada, sem ser indelicada. Algumas orações finais, inclusive minhas, e o bonito culto foi encerrado. Saindo da igreja, Santiago espalhou que Tio Radialista iria contar umas histórias...

A grande maioria das pessoas se reuniu na varanda da casa de dona Mariana e a cessão de causos teve início. Eram perguntas, risadas, alguns confirmavam e outros duvidavam das aventuras do Tio Radialista. Aproveitando as brasas acesas no fogão a lenha, corri até a cozinha de fora, acompanhada pela Tia Paraguai (não me pergunte o porquê do nome), e estourei inteiro o pacote de pipocas doado por Noélia. Tia Néia possuía em sua casa dois ou três pacotes de refresco em pó...

Mais que ligeiro, dois rapazes foram rapidamente até o Sapatinim, retornando, minutos depois, com um balde de água fresca do igarapé. Os refrescos eram de sabores diferentes, mas todos foram despejados no mesmo balde juntamente com meio quilo de açúcar, formando uma garapa doce. A festa estava pronta. As pessoas comiam pipocas e bebiam o refresco ouvindo as aventuras e causos do Tio Radialista. Nunca havia presenciado tanta alegria, entusiasmo e risadas soltas diante de algumas histórias, um punhado de pipoca e um copo de refresco.

Alguém se lembrou que no outro dia era aniversário do Mundico, o rapaz completaria dezoito anos. Comentei que eu sabia fazer bolo, tinha todo o material, menos os seis ovos necessários. De pronto, o primo Mário disse que conseguiria os ovos em um vizinho próximo. A empolgação foi completa e as crianças vibraram. Mas a felicidade foi interrompida por dona Mariana, que disse não ter gás para acender o forno do fogão. Silêncio e decepção. Uma neta de uns doze anos cochichou baixinho:

– Ela tem sim, não quer é gastar o gás, essa vó sovina (avarenta)!

Então, uma das primas mais velhas, já casada, disse que tinha um forno de barro que não era usado havia muito tempo, estava um tanto quebrado, mas arrumaria logo cedinho. Dalva foi aplaudida e ovacionada pela sua atitude e todos voltariam no dia seguinte, no final da tarde, para comer um pedacinho do bolo. Minha barriga esfriou, o bolo ficaria pequeno e as pessoas seriam muitas. Concluí que havia me empolgado e falado demais...

As pessoas foram embora depois da meia-noite e todos se recolheram para dormir. Eu e Santiago fomos para nossas redes e, daí algum tempo, das redes para o assoalho duro. Fazia frio, subia um vento gelado que vinha das águas do Sapatinim, era difícil de acreditar que fazia tanto calor durante o dia e esfriasse tanto durante a noite.

Acordei assustada na madrugada. Deveriam ser umas três horas da manhã. Numa das casas próximas havia barulho, choro de crianças e muita conversa alta. A princípio, pensei que fosse uma briga de casal, depois percebi que alguém estava cozinhando!! Uma hora mais tarde, tudo se aquietou e eu adormeci outra vez. Acordamos "quebrados" pelas cinco e meia da manhã. Quase todos já haviam se levantado.

Logo procurei saber sobre o ocorrido durante a madrugada. Um filho do Tio Radialista havia saído para caçar e obtivera sucesso, voltando com uma paca na madrugada. Logo de sua chegada, as crianças acordaram e começaram a chorar, pedindo por comida!!! Pai e mãe levantaram e foram tratar (limpar) a caça, acender o fogo, cozinhar e dar de comer aos filhos. Aquela gente comia quando havia comida, sem horários nem convenções, simples assim!!! Logo fui informada que a família afortunada havia me mandado um presente: um pernil do animal caçado. A avó de Santiago, Dona Mariana, já cozinhava a carne com água e sal. Seria meu café da manhã.

Tratei de pegar minha escova de dentes com creme dental e um rolo de papel higiênico, na intenção de realizar minha higiene matinal e fazer xixi em alguma moita. Observei que poucas pessoas escovavam os dentes diariamente. Entretanto, possuíam dentes fortes e brancos, notoriamente melhores que os meus. Descemos as duas, eu e Joana, para a beira do Sapatinim. Outras mulheres estavam por lá e se jogavam, de roupa e tudo, nas águas geladas do igarapé. Eu estranhava por não escovarem os dentes, quase não usarem sabonetes ou xampu e nadarem no rio como forma de banharem-se. Elas, estranhavam eu não saber nadar e me lavar jogando poucos litros de água no corpo, ou carregar um galão de água mineral diante de tanta fartura de água boa. Com meu rolo de papel higiênico, procurei um matinho para fazer meu xixi matinal, todos os olhos me acompanharam, como em todas as outras vezes. Uma jovem mais afoita não se conteve e me perguntou:

– Você está doente da barriga? Com caganeira?

– Não. Estou bem.

– Então por que leva o rolo de papel todas as vezes que vai pro mato? Estamos pensando que você está com a barriga doente...

– Não, querida. Está tudo bem! É só pra enxugar o xixi...

– Ahhh tááá!

Eram os mundos que se chocavam e conheciam. O papel higiênico era utilizado ali apenas para o número dois, e quando havia... Usar papel higiênico para enxugar xixi era absolutamente um luxo!!!

Por outro lado, as mulheres eram fortes, faziam longas caminhadas pela mata, nadavam e manejavam com habilidade o remo e o terçado, possuindo boa forma física, enquanto eu...

Voltando até a casa, era esperada com café e paca cozida. Não tinha nenhuma vontade de comer, apesar de estar com fome. O aroma do alimento me parecia estranho e forte. Faltavam os costumeiros alho, cebola e demais condimentos costumeiramente utilizados para atenuarem o cheiro da carne. Com respeito aos meus anfitriões e às pessoas que me enviaram parte da preciosa caça, comi o alimento que, apesar da falta de temperos, estava bem melhor do que eu imaginava. Agradeci a refeição e logo perguntei se eles comiam palmito com frequência, pois, se havia açaí, haveria pés de açaí. Dessa palmeira nobre se extrai o melhor palmito do mundo. Pra minha surpresa, não sabiam o que era palmito.

O fruto do açaí era retirado de palmeiras nativas da mata, não era cultivado, e havia milhares dessas palmeiras pelas imediações. Perguntei se gostariam de comer palmito fresco no almoço de domingo e a movimentação teve início. Santiago saiu com alguns primos em direção à floresta, retornando com muitas "cabeças" da palmeira do açaí, conforme eu havia explicado. Retiramos os palmitos de dentro das ponteiras das palmeiras ajudados por vários rapazes. As mulheres jogavam lenha no fogo e cortavam as rodelinhas finas do palmito ou procuravam chicória do norte. Refogamos um taxo cheio de rodelinhas de palmito fresco no óleo, colorau (de excelente qualidade fabricado ali no local) e chicória. O cheiro corria longe e as mulheres não escondiam sua admiração por não conhecerem tamanha iguaria, bem ali, à disposição.

Quando ficou pronto, dezenas de pessoas se alimentaram com palmito de açaí e farinha d'água, tudo na maior algazarra. Comiam em pé, outros no sol, alguns sentados no chão. Ninguém procurou saber se era horário de almoço ou não. Havia fome e havia comida, isso bastava.

Foi nesse momento que o aniversariante Mundico e seu primo Mário chegaram, trazendo sete ovos. Tinham caminhado alguns quilômetros para conseguir o ingrediente que faltava para o bolo. Os jovens foram ansiosos comer do refogadinho de palmito fresco, e eu fui imediatamente iniciar a confecção do bolo de aniversário.

Há muito tempo que sabia fazer bolo. Na época das "vacas magras", já havia feito bolos enormes para vender, inclusive para casamentos. Gostava de fazer e ficavam muito bons sempre. Entretanto, estava nervosa. Os ingredientes eram poucos, e o bolo seria assado num forno de barro aquecido à lenha. Nunca tinha feito isso antes. O bolo seria pequeno, um pedacinho de nada para cada pessoa. Tinha vontade de poder fazer um bolo imenso pra aquela gente, eles mereciam.

Eram apenas dois pacotinhos de massa pronta, uma de baunilha e outra de chocolate. Nunca gostei de bolo de massa pronta, mas era o melhor possível de ser feito. Bati as massas e levaram pra assar lá fora no forno de barro recém consertado pela prima e vizinha. Ainda tinha o leite condensado e o Nescau. Resolvi fazer um doce de leite, cozinhando uma lata de leite condensado na panela de pressão, para rechear o bolo. Quanto à cobertura, improvisei um brigadeiro com a outra lata de leite condensado e um pouco de Nescau.

O calor era medonho e os insetos ferroavam por todos os lados. Precisava me manter de calça comprida e blusa de manga longa direto. Entretanto, as pessoas do local pareciam não se incomodarem muito com o absurdo de insetos sedentos de nosso sangue. Mesmo estando coberta de roupas, me ferroavam o pescoço, o rosto e até as mãos. Tentava manter a calma, o bolo pequeno e insuficiente me atormentava o pensamento mais que os mosquitos. Planejava voltar em breve, trazendo comigo os produtos alimentícios necessários para fazer um bolo enorme, que pudesse encher os olhos e satisfazer corretamente a todos.

Pelo meio da tarde, o bolo ficou pronto. Parecia bem gostoso e o cheiro era bom. Contudo, seria o suficiente par distribuir uma fatia mediana para vinte pessoas. Teríamos quarenta... Pensava em alguma bebida para acompanhar o bolo, mas nem os pacotinhos de refresco em pó existiam mais. Então, fiz o meu melhor com aquilo que tinha nas mãos, deitei a sobra da lata de Nescau, o restinho do leite em pó e meio quilo de açúcar dentro de uma grande panela cheia de água gelada do Sapatinim e coloquei para ferver no fogão à lenha. A mistura se transformou em um chocolate quente ralo e adocicado, mas isso já bastava.

Discretamente, desci com o Santiago até o igarapé e tomei um banho rápido. Era surpreendente o tanto que a água podia ser gelada debaixo de tanto sol forte e imenso calor. Era como jogar nas costas um balde de água retirada de dentro de uma geladeira. Voltamos rapidamente e outra visita nos aguardava. O pastor e a esposa estavam sentados em um banco de madeira na pequena varanda da casa. A mulher segurava uma panelinha pequena e brilhante. Após os primeiros cumprimentos, Janaína me entregou a panela. Eram dois pedaços de galinha caipira guisada para eu jantar. Fiquei agradecida e tive vontade de comer, pois já estava com fome. Sentia um pouco de constrangimento em comer sozinha, sem poder dividir com os demais; entretanto, todos os presentes me incentivavam a fazer a refeição. Logo me trouxeram uma cuia com farinha d'água. Coloquei um punhado sobre a galinha e comecei a comer devagar enquanto conversávamos.

O casal estava se programando para deixar a comunidade. As condições não eram boas. Faltava de tudo na escola. A maior reinvindicação à Secretaria de Educação Municipal de Bonfim, era a contratação de uma pessoa para distribuir a merenda para as crianças (geralmente pacotes de biscoito e bolacha) e fazer a limpeza do espaço onde aconteciam as aulas. Não estavam distribuindo a merenda como forma de forçar as autoridades a remunerar uma pessoa para a referida tarefa. O pastor era candidato ao emprego, mas o prefeito se recusava a pagar. Não estava compensando financeiramente viverem em tamanho isolamento e no final do ano iriam embora para a cidade.

Eu ouvia tudo calada enquanto comia a deliciosa galinha. Havia visto as precárias condições de funcionamento da escolinha, condições absurdas mesmo. Era justo que procurassem melhoras. Olhando por outro ângulo, era um absurdo negar qualquer tipo de alimento para crianças tão carentes de alimentação. A professora também me contou sobre várias outras crianças que vinham de canoa ou a pé pelo meio dos trieiros na mata. Era difícil de acreditar que tanta gente vivia em lugar tão isolado. Era como se fizessem parte das matas, como se estivessem incrustados nela.

Depois da conversa, o casal permaneceu no local, esperando pelo bolo. O aniversariante chegou banhado e trocado. Não apresentava qualquer tipo de timidez, falava muito e gracejava. As pessoas foram abeirando-se, e os arredores da casa de Dona Mariana foram ficando cheios. Percebi algumas canoas chegando pelo igarapé, a notícia do aniversário havia corrido igual fogo em palha seca. Meu coração batia agoniado. Estava apavorada porque o bolo não era o suficiente. Comentei meu temor com a professora. Ela cochichou algo para o marido, que se ausentou, retornando logo em seguida com três pacotes de biscoito da merenda da escola e dizendo que era para as crianças.

Foi aí que aconteceu...

Não sei onde você mora, mas aqui no Acre, onde resido, existe uma brincadeira entre crianças e adolescentes de se quebrar um ou vários ovos na cabeça dos aniversariantes, fazendo uma espécie de "batismo", um tipo de brincadeira que ocorre principalmente nas escolas da cidade. Pois é, da cidade...

Na falta absoluta do que fazer, Santiago bem quietinho, pegou o sétimo ovo que havia sobrado do bolo, dado que a receita só exigia seis, e de surpresa quebrou o ovo na cabeça do aniversariante gritando "feliz aniversário" e dando risada. Um silêncio enorme caiu sobre o local. O rapaz ficou pálido e absolutamente chateado, fechou a cara não escondendo sua contrariedade.

O pai de Mundico acudiu o filho:

– Que brincadeira mais besta!

Um dos tios correu em socorro de Santiago:

– Isso foi só brincadeira mesmo, não tem nada de mau!

Nesse ponto, duas tias já discutiam alto sobre o ocorrido, uma defendendo o aniversariante, e outra, defendendo Santiago. Em questão de segundos, o conflito era generalizado. Mulheres se agarravam pelos cabelos, crianças choravam, cachorros latiam, adolescentes davam gargalhadas, pondo mais fogo na confusão. Um homem correu até o riacho, retornando com um remo nas mãos para dar "remadas" em outro homem.

De repente, duas mulheres caíram agarradas no chão. Rolavam uma por cima da outra, despencando barranca abaixo e quase chegando nas águas do igarapé. Uma delas era a mãe de Mundico e estava grávida de sete meses!!!

Santiago e eu, totalmente em silêncio e estupefatos, nos olhávamos sem saber o que fazer. Eu apenas queria apertar a garganta dele. Nesse ponto, Dona Mariana, matriarca da família começou a passar mal, sendo acudida por algumas netas com um copo de água doce. O pastor orava alto repreendendo o "espírito da discórdia".

Mulheres desgrenhadas e empoeiradas, homens suados, algumas roupas com os botões arrancados, muitos cachorros latindo. Então, correu a notícia de que a idosa passava mal e todos pararam. Da mesma forma como tudo começou, também cessou. O remo que seria utilizado como arma na confusão foi usado para separar as mulheres, que ainda rolavam pelo chão.

Em instantes, todos davam gargalhadas, narrando, cada qual, sua façanha na briga. As mulheres ajudavam-se mutuamente a se limparem da poeira do chão e arrumarem os cabelos; alguns homens se banharam, pulando no rio; os cachorros pararam de latir; a sábia idosa, do nada, ficou completamente boa do terrível "passamento" (vertigem, desmaio); o pastor declarava alto sua vitória sobre o "maligno" e o aniversariante ria despreocupado.

A cor pálida do Santiago começou a voltar ao normal, apenas eu que ainda queria apertar a garganta de meu companheiro. A briga se transformou na graça do evento. Riam e faziam piadas sobre a desavença o tempo todo, sobretudo da cara apavorada do Santiago.

Em poucos minutos, fomos cobertos pelo céu mais estrelado e maravilhoso que eu já vira em toda a minha vida. Não foi preciso acender lamparinas, a lua flutuava banhando de prata aquela imensidão. As pessoas se acomodavam em compridos bancos de madeira, que iam sendo trazidos da igrejinha por prestativos rapazes.

As bolachinhas da escola foram distribuídas para as crianças e adolescentes em uma rodada junto com o chocolate quente que já havia ficado frio, servido em canequinhos utilizadas para servir merenda escolar. Os adultos repartiram as sobras como puderam. Todos comiam felizes, e os "causos da floresta" iam sendo contados mediante expressões de espanto, surpresa ou risos.

O bolo, com uma vela comum espetada no centro, foi colocado nas mãos do aniversariante. A vela foi acesa e o parabéns foi cantado. Mundico, visivelmente emocionado, assoprou a vela, e o pastor convocou a todos para fazerem uma oração pela vida do aniversariante. As pessoas fizeram um respeitoso silêncio e todos oraram de cabeças abaixadas.

O momento que eu mais temia, enfim, chegara. Um bolo de tamanho suficiente para servir vinte pessoas, foi servido em fatias fininhas, colocadas diretamente na palma da mão de cada pessoa. Havia mais de cinquenta pessoas no local, todos provaram do bolo e o milagre da multiplicação dos pães e dos peixes ocorreu novamente. Jesus sabia muito bem o que fazia, pois, com boa vontade e retidão, é possível repartir o "pão" para todos!

Pelas vinte e duas horas, as pessoas foram se despedindo e retornando para suas casas. Muitos abraços e beijos, combinados para, dentro em breve, fazermos um bolo enorme e outra confraternização. Na manhã seguinte, eu e Santiago sairíamos cedinho em direção ao Bonfim.

Gente forte, gente brava, resilientes e felizes. A despeito das carências materiais que sofriam, estavam longe de serem coitados ou miseráveis. Lembraria de todos pelo resto dos meus dias.

4

A SOBREVIVÊNCIA

Todos foram saindo e retornando para suas casas. Tio Zé e Tio Radialista ficaram até os últimos parentes se retirarem. Ajudados por Santiago, iam guardando alguns bancos da igreja e carteiras da escolinha que haviam sido tomados emprestados. E a conversa rolou solta outra vez. Se havia alguma coisa de que gostavam naquele lugar, era de conversar.

Tio Zé convidava, apoiado por tio Radialista, para que voltássemos em breve, em uma época melhor e de mais fartura. Nesse ponto, tudo já havia sido devidamente guardado e organizado, e estávamos sentados nas tábuas da varandinha da casa.

Tio Zé falava com nostalgia da antiga fartura de todos os tipos de caças, grandes e pequenas, que outrora existiram em abundância e que agora não encontravam mais. Com o avanço das derrubadas nas matas, os bichos fugiam cada vez para mais longe. Estava difícil de encontrar até as pequenas pacas. Geralmente, conseguiam caçar apenas imbiaras (caças miúdas e de pouca carne, como por exemplo, algumas aves, pequenos macacos e esquilos...). Era impossível sobreviverem do extrativismo vegetal e da carne de caça em apenas dez hectares de floresta para cada família, cercados de fazendas por todos os lados.

Os filhos jovens queriam ir embora para a cidade, mas os mais velhos tinham medo, dado não terem nenhum tipo de qualificação profissional ou expectativa de emprego por lá pela cidade. Agora, pensavam em fazer a derrubada e criar bezerros para revender para a engorda. Estavam se preparando para isso, pois dependiam de dinheiro tanto quanto todos os outros cidadãos.

Pediram que voltássemos no tempo da pesca (que não me lembro mais em que meses ocorre), porque ainda era uma boa época para todos, pois havia muita fartura nesse período.

Tio Radialista passou a explicar, com muito entusiasmo, que moravam quase na nascente do Sapatinim, local onde o igarapé possuía poucos e pequenos peixes. Precisam descer o Sapatinim com seus cascos e canoas por dias seguidos até encontrar lugar bom de pesca.

Assim, organizam grandes grupos de vinte ou mais pessoas e se dirigem rio abaixo, levando consigo alguns víveres e muito sal. Dias depois e muitos quilômetros distante, montam um acampamento improvisado com folhas de palmeira e ficam pescando por dois meses ou mais.

Mulheres e crianças também acompanham o grupo, ajudando a tratar (limpar) os peixes, salgá-los e secá-los ao sol. Quando retornam, meses depois, trazem os cascos cheios de peixe seco para alimentá-los até o ano seguinte. Na volta, procuram conseguir alguma caça grande, que possa chegar ainda fresca, ou mesmo salgada, na comunidade. Os jabutis são muito apreciados, porque vão vivos e amarrados para serem colocados em pequenos cercados, onde serão alimentados e utilizados como carne fresca durante o ano inteiro, assim como os sitiantes fazem com galinhas e porcos.

A chegada dos pescadores é um grande evento. São recebidos como heróis, e tudo vira uma festa. Caças e pescados são repartidos e, por um ou dois dias, fazem churrasco da carne fresca e se confraternizam.

Com muito jeito para não parecer indelicada, perguntei-lhes como conseguiam dinheiro vivo para gastarem na cidade. Tio Radialista, com visível satisfação, começou a me explicar as atividades realizadas que lhes rendiam algum dinheiro, que eram a fabricação de colorau e de farinha d'água, extração de copaíba e coleta de castanha da Amazônia.

Do pé de urucum, plantado nos arredores de suas casas, colhiam os cachinhos secos e retiravam as preciosas sementes vermelhas que eram colocadas para secar ao sol. Depois de dois dias de sol bem quente, as sementinhas vermelhas era fritas em óleo de soja e socadas no pilão com farinha de trigo ou fubá. Depois de muito socar, virava tudo um pó grosso e muito vermelho que era passado em uma peneira bem fininha resultando em um pó mais fino ainda, que seria seco por mais dois dias ao sol. O produto final era um potente colorífico comestível vermelho, muito apreciado por toda a população brasileira. Faziam e vendiam um colorau de excelência, mas em pequena quantidade.

Quanto à produção e à venda de farinha d'água, trata-se de um complexo e interessante processo, pois, ao contrário da farinha de mandioca comum, a farinha d'água é feita com a mandioca puba (azeda), quase que apodrecida na água. Planta-se a macaxeira brava (imprópria para o consumo *in natura*), mas que, após o processamento, rende uma grande quantidade de farinha bem maior e melhor do que da macaxeira comum.

Tudo começa com a limpeza de um grande terreno onde a maniva (rama/muda de mandioca) será plantada. Após alguns meses do plantio, a mandioca é arrancada do solo e transportada até o local onde deverá ser pubada (azedada). Após lavada, a macaxeira é colocada com casca e tudo dentro de grandes depósitos, como caixas plásticas, tambores ou até em cochos ou canoas, e é coberta com água. Tradicionalmente, as pessoas mais pobres cavam enormes buracos no chão e os revestem com muita palha de algum tipo de palmeira, enchendo-os logo a seguir de macaxeira e água e cobrindo tudo com mais palhas.

Ali no Sapatinim, eles procuravam uma parte do igarapé que fosse próxima das casas e bem rasinha. Cercavam esse local como fosse uma pequena "represa". Depositavam as macaxeiras lavadas, mas ainda com a casca, nessa espécie de mini represa, e a macaxeira permanecia nessa água por alguns dias, até ficar totalmente pubada.

Após quatro ou mais dias de molho, retira-se a macaxeira que, literalmente, se desmancha ao toque das mãos e solta a casca com a maior facilidade. Esse processo evita a necessidade de a mandioca ser ralada em moinhos elétricos, inexistentes na localidade. Por isso que se chama farinha d'água. Com facilidade, essa massa puba é passada em peneiras grossas e prensada em sacos de tecido para eliminar ao máximo todos os líquidos contidos na massa.

Após a prensagem, a massa vira um bloco compactado que será esfarelado e peneirado novamente sobre uma chapa de ferro quente, uma espécie de taxo gigante depositado sobre um forno de barro, que é aquecido pelo fogo de muita lenha seca. Essa massa vai sendo mexida incessantemente por pás de madeira do tamanho de remos de canoa, até ficar bem seca e apropriada para o consumo humano.

Do plantio da maniva até a farinha ficar pronta pode levar um ano inteirinho. Muito trabalho, sem contar a enorme dificuldade em se chegar com esse produto nos mercados de Bonfim. Essa farinha possui sabor e aroma forte, é mais grossa que as farinhas de mandioca comum, sendo muito apreciada pelos caboclos da região.

Tio Zé, esboçando bastante orgulho, passou a falar sobre a coleta de castanha e nos informar que esse fruto antigamente era conhecido como castanha do Pará, porque a Amazônia inteirinha produzia as castanhas, mas a exportação do produto era realizada tão somente pelo porto do estado do Pará. Ultimamente, passaram a chamar de castanha do Brasil, porque vários estados brasileiros produziam muito mais desse fruto do que o Pará.

Entretanto, o pessoal da cooperativa do Bonfim, que comprava a castanha de toda as redondezas, havia explicado que também estava errado, porque a produção dessa castanha também ocorre na floresta amazônica do Peru, da Bolívia e de outros países, dado que a Amazônia cobre os solos de vários países vizinhos e não pertence apenas ao Brasil. Agora, oficialmente, o nome da castanha passou a ser castanha da Amazônia. Era visível a felicidade do homem em demonstrar os conhecimentos que possuía.

Relatou, ainda, que a coleta dos ouriços (espécie de capsulas grandes, arredondadas e duras que guardam em seu interior entre quinze até vinte e cinco castanhas) era efetuada nos meses de inverno (chuvas). Os ouriços caem espontaneamente das copas das imensas castanheiras, que atingem entre trinta e sessenta metros de altura. Recolher ouriços é coisa muito perigosa, porque eles caem aos poucos durante três meses seguidos. Cada ouriço pesa entre um ou dois quilos e pode matar até um boi se cair sobre a cabeça do animal, que dirá sobre a das pessoas que ficam embaixo da castanheira recolhendo os ouriços do chão.

Perguntei o porquê de eles não esperarem cair todos os ouriços para depois buscarem tudo de uma só vez e em segurança. Tio Zé respondeu, sorrindo, que existe um pequeno bichinho que é o único capaz de abrir o ouriço e roer as castanhas: a cotia. As cotias, além de comerem as castanhas, também enterravam tudo quanto podiam para comer depois, ajudando assim a plantar, mesmo que de forma involuntária, as novas castanheiras. Então, se esperassem passar completamente a queda dos ouriços, as cotias não esperariam, e nada sobraria para os coletores recolherem. O jeito era se arriscar a ter o crânio esmagado.

Em silêncio, eu pensava o tanto de vezes que tinha reclamado do preço da castanha, sem nunca imaginar a dificuldade e o real perigo a que os coletores desse fruto se expunham. Tio Zé continuou contando que, além de coletar os ouriços do meio da mata, era preciso rachar os duros ouriços com terçado (facão) bem afiado e recolher as castanhas de dentro. Depois, transportar tudo nas costas até suas casas, local onde secavam as castanhas da Amazônia ao sol e transportavam para vender na cidade. Eu e Santiago escutávamos tudo com atenção e respeitoso silêncio.

Nesse ponto, tio Radialista começou a contar sobre o óleo de copaíba, produto extremamente importante e utilizado por toda a população da Amazônia para fins medicinais, dado que esse óleo possui funções antibióticas, anti-inflamatórias e cicatrizantes. Atualmente, é bastante procurado pela indústria cosmética e farmacêutica, mas o pequeno volume coletado pela família era vendido informalmente apenas para as pessoas do Bonfim.

Diferentemente de outros óleos, o de copaíba não é um derivado das sementes ou frutos da planta, mas sai pronto diretamente do tronco do vegetal. Primeiro, é necessário localizar a árvore de copaíba na floresta. Essa árvore precisa ser velha, com cem anos ou mais, porque as árvores novas quase não tem óleo e morrem facilmente com a extração. Outro problema é que muita gente, ambiciosa por dinheiro, escava o tronco, formando grandes buracos com machado e motosserra, recolhendo enorme quantidade de óleo e matando a preciosa árvore. O correto é fazer um pequeno furo na madeira do tronco da árvore e recolher a quantidade certa do óleo, fechando bem esse orifício com barro, tudo com muito cuidado para não maltratar a planta, que produzirá mais uma quantidade de óleo para o ano seguinte.

Tanto a castanha como o óleo de copaíba estão deixando de ser encontrados pelos moradores do Sapatinim. As florestas estão sendo rapidamente derrubadas no entorno da comunidade. Não há mais árvores o suficiente para realizarem corretamente esse extrativismo.

Tio Zé e Tio Radialista confessaram que já pensam em vender seus preciosos dez hectares de mata nativa, ou em derrubar seu pedacinho de floresta para plantar capim e colocar algumas vacas parideiras. Assim poderão vender os bezerros que se tornarão bois nas mãos dos fazendeiros criadores de gado.

Me pareceu muito interessante o fato de as pessoas do local não verem os fazendeiros como inimigos ou usurpadores. Eram novos vizinhos cuidando de suas vidas, e eles cuidavam das próprias existências. O questionamento era dirigido às autoridades que, de alguma forma concediam imensas áreas de terra para pessoas recém-chegadas, enquanto as famílias que habitavam o local havia muitas décadas, receberam o título de ínfimos dez hectares cada.

Sabiam que o extrativismo não sobreviveria e precisavam mudar seu modo de existência, herdado dos antigos seringueiros e indígenas, dos quais a família inteira descendia. O tataravô era um descendente de escravos africanos e viera para a Amazônia em busca de melhores condições de vida cortando seringa. A tataravó era índia pura e havia sido pega no laço, por ocasião de correrias organizadas pelos seringalistas (ações organizadas pelos patrões para caça e matança de indígenas "agressivos", onde se costumava sequestrar mulheres índias, transformando-as, muitas vezes, em "esposas") há mais de cem anos atrás.

Não sabiam muito da própria história, os antepassados, quase todos, não possuíam registro ou fotografias e demais documentos. Ademais, os registros feitos, eram totalmente equivocados. Geralmente, quando um seringueiro conseguia chegar até um cartório, o escrivão, muitas vezes, era um semianalfabeto. Assim, as crianças eram registradas com nomes e idades trocadas, muitos irmãos eram registrados todos com uma única data de nascimento, mesmo dia, mês e ano. Os indígenas nascidos nos seringais, ou feitos escravos, costumavam serem registrados com o sobrenome do patrão seringalista.

Um exemplo claro desse relato era a mãe do Santiago. Possuía um sobrenome diferente de todos os demais irmãos. Os pais, não alfabetizados, não perceberam e nem sabiam explicar o porquê de a menina ter recebido um nome estranho aos demais membros da família. Assim, o próprio Santiago, que recebera o sobrenome da mãe, nunca teve como comprovar sua descendência indígena, fato do qual aprendeu a ter muito orgulho.

A madrugada avançava, nos despedimos e os dois senhores retornaram pensativos em direção as suas residências. A verdade é que o frágil futuro da comunidade estava mais incerto do que nunca, tanto o financeiro, quanto o de suas raízes e de sua própria história.

5

O RETORNO

Mais cedo ainda que de costume, eu e meu companheiro já estávamos em pé. Havíamos dormido apenas três ou quatro horas. O fogo, ainda com brasas acesas, foi rapidamente alimentado por mais lenha, as labaredas subiram com facilidade. Santiago fez o café, e eu fiz um pacote de macarrão com sardinha. Seria nosso café da manhã e última refeição no local. Descemos para o Sapatinim quase ainda escuro, os pássaros iniciavam seu canto nas matas e os primeiros raios de sol vinham longe.

Aproveitando a privacidade e escondida atrás de uma moita, consegui fazer o número dois pela primeira vez desde o começo da viagem. A água do igarapé estava mais gelada do que nunca. Tomei um banho rápido e congelante. Mudamos as roupas e arrumamos nossas coisas. A bagagem da volta era bem menor, havíamos gastado todo o suprimento de alimentos, e eu consumira quase toda a água mineral. Tinha apenas um ou dois litros para a viagem de retorno.

Agora todas as pessoas já haviam levantado e logo chegaram os dois primos incumbidos de nos levar de volta até o ramal. Tomamos todos o café da manhã de macarrão com sardinha. Muitos parentes de Santiago chegavam para as despedidas e promessas de breve retorno foram feitas.

Eu, como sempre, estava nervosa e ansiosa. Tinha medo de Noélia ter esquecido o dia de nos "resgatar" do Sapatinim, medo de nos atrasarmos e ela ir embora, medo de ficarmos sozinhos, durante dias, no barracão à beira do ramal aguardando uma carona, medo porque as coisas não estavam no meu controle e eu dependia de pessoas quase estranhas, medo, medo...

Dessa vez, conseguiram uma canoa maior, e os dois primos eram fortes e hábeis remadores, aptos a nos conduzir pelo igarapé acima. E assim foi.

As pessoas acenavam na barranca do Sapatinim, e nós retribuíamos de dentro da canoa, que ia ganhando distância igarapé acima.

Não houve paradas nos vizinhos, apenas observei, à distância, os tapiris que havia visitado e conhecido no dia da chegada. Assim, retornamos mais rapidamente, e tudo deu certo.

Chegamos ao "porto", embalados pelo som de motosserras ainda mais próximas. Os valentes primos remadores comentavam sobre o futuro incerto de estarem vivendo em uma ilha de floresta em meio aos infindáveis pastos cheios de bois. Falavam que o Tio Ramiro já estava decidido a derrubar a mata em sua parte das terras e passar a criar bezerros. Falavam na vontade de ir embora para Rio Branco e, ao mesmo tempo, na vontade de ficar. Não tinham a menor ideia de como haveriam de sobreviver na cidade. Esses relatos reforçavam a conversa da noite anterior com o tio Zé e o tio Radialista.

Os dois moços seguiram conosco até a beira do ramal, servindo de ajuda para carregarmos nossos pertences e para o caso de encontrarmos bois brabos pelo caminho, coisa comum de acontecer. Por muita sorte, não havia caído uma única gota de chuva nos últimos três dias, e o carreador que atravessava a capoeira, ligando o porto até as pastagens, estava quase completamente seco. Às dez horas da manhã, chegamos à beira do ramal. Após muitos agradecimentos nossos, os primos retornaram ao Sapatinim.

Olhei ao redor, apenas eu, Santiago e o nada. Lembrei que meu companheiro já havia permanecido mais de dois dias naquele local esperando por carona e fiquei meio apavorada. Esperamos por meia hora e nada de Noélia chegar. Eu já estava nervosa e inquieta quando ouvimos um barulho de carro ao longe. Era uma Toyota traçada que estava saindo do ramal em direção à Bonfim.

Não tive a menor dúvida, comecei a acenar para o carro que vinha ainda distante, para que o condutor parasse o veículo. Era um milagre um carro passar por ali tão rápido, e não podíamos perder a oportunidade de chegarmos até a cidade. O freteiro parou e pagamos o preço solicitado pelo homem. O veículo vinha lotado. Pessoas se amontoavam junto com cachorros, sacos de farinha e bagagens, dentro e na carroceria do veículo.

Tive dificuldade em subir na carroceria, Santiago me empurrava e um senhor desconhecido me estendeu a mão, me ajudando a subir. Não havia onde sentar e mal dava para segurar em alguma coisa. O carro sacolejava miseravelmente nos buracos da estrada, e as pessoas tentavam se equilibrar sobre a carroceria. Tentava imaginar como eu conseguiria aguentar, em pé, aquele sacolejar no grande trajeto de cinquenta quilômetros de ramal.

Por alguns instantes, cheguei a sentir certo desespero e um pouco de chateação pelo Santiago haver me colocado naquela circunstância. Eu estava sem nenhum domínio da situação, totalmente à deriva e na dependência de pessoas estranhas, passando por situações sobre as quais não tinha o mínimo controle.

Hoje, consigo refletir que, na verdade, nunca temos o controle de nada nessa nossa pequena e rápida existência. Entretanto, essa fragilidade do ser humano é muito mais evidente na natureza do que na cidade. Naquele momento, eu me sentia frágil e dependente. Isso me abalava e irritava ao mesmo tempo.

Ao longe, avistei uma caminhonete nova e branca que vinha em nossa direção. Era Noélia!! E se ela passasse por nós sem conseguir nos visualizar no meio daquele monte de gente? Senti alegria e alarme ao mesmo tempo. Então, eu e Santiago começamos a bater na cabine do motorista que rapidamente parou o carro. Igual a um gato, meu companheiro pulou do carro para o meio da estrada sinalizando para a caminhonete branca parar.

Noélia e o marido pararam seu carro e, rapidamente, passamos da carroceria superlotada da Toyota para a cabine confortável da caminhonete com um refrescante ar-condicionado ligado. Quando me acomodei no banco macio, passei a lembrar da difícil situação das pessoas na carroceria da Toyota.

A caminhonete saiu rumo ao Bonfim e eu não olhei para trás. Senti um nó na garganta. Não queria ver aquelas pessoas amontoadas, lutando sem destino pela vida. Experimentava uma certa culpa por ter melhores condições de existência do que eles.

Infelizmente, os conceitos de riqueza de nossa contemporaneidade estão restritos à posse de dinheiro e bens materiais. Ninguém avalia a riqueza do oxigênio puríssimo e da água doce e abundante brotada da terra lá dentro da floresta. Ninguém põe preço nas ações das pessoas que "calçaram" o chão lamacento para eu não atolar os pés na lama. Quanto vale o prato de mandioca cozida em água e sal que o Tio Radialista buscou a quilômetros de distância para que uma estranha jantasse? Qual o preço da mão estendida por um desconhecido que me puxou para cima do um carro no ramal lamacento? Para nossa sociedade, absolutamente nada! Talvez um "muito obrigado" para os mais educados...

Quando chegamos na casa de Noélia, eu estaria sendo, no mínimo, hipócrita se não admitisse o prazer que senti ao tomar um longo banho quente, com xampu, condicionador. Quando saí do banho, um farto e variado almoço nos esperava. Seu marido, Rui, era alegre e falante, demonstrava satisfação em nos servir bem e fartamente. Me chamou a atenção o fato de que estávamos em apenas cinco, já contando com a cozinheira, mas havia comida com suficiência para servir vinte ou mais pessoas. No Sapatinim, teriam se banqueteado cinquenta!!!

Era impossível não fazer uma comparação entre a realidade das famílias do Sapatinim deixada para trás e a realidade da casa de Noélia. Apesar de minha generosa amiga não ser uma pessoa rica, sua boa situação financeira se traduzia em uma fartura de alimentos que excedia em muito todas as possibilidades de vinte ou trinta famílias do Sapatinim juntas.

Não se trata aqui de uma crítica sobre a vida extremamente farta de minha querida e generosa amiga. Simplesmente eu refletia sobre a imensa diferença na abundância e consumo entre os tipos de existência. Na verdade, eu poderia viver no Sapatinim caso fosse necessário, mas não viveria lá tendo como escolher. Apesar de jamais haver me imaginado vivendo em um grande centro urbano como, por exemplo, São Paulo, Nova Iorque ou Tóquio, não estou imune às benesses e confortos que a tecnologia e as cidades podem oferecer.

Nessa mesma tarde, após um breve repouso, Rui nos levou para conhecer as instalações do novo e enorme frigorífico que administrava. Era tudo organizadíssimo, funcionando com tecnologia de ponta, como em qualquer outra região do país. O homem mostrava tudo com muita animação e orgulho.

À noite, fomos jantar em uma nova pizzaria do Bonfim. O local não possuía ótimas instalações, mas as pizzas eram boas e pude experimentar uma inusitada variedade: pizza de jambu e tucupi, apreciados alimentos de origem indígena. O jantar correu descontraído e fomos dormir quase de madrugada.

No outro dia cedo, após nos despedirmos de nossos anfitriões, pegamos o primeiro ônibus em direção à Rio Branco. A viagem foi longa e desconfortável, mas eu voltava feliz. Vinha rememorando tudo quanto havia vivido e conhecido. O passeio tinha sido muito bom, me proporcionara aprendizados e reflexões. Antes do anoitecer, eu estava na "segurança" e conforto do meu modesto lar.

Nessa noite, a primeira de volta em casa, sonhei com o Sapatinim e seus moradores, a criança queimada, a mãe olhando triste a cruzinha do filho, Tio Radialista e todos os demais. Via as águas do rio, as matas, os bois e as motosserras. Tudo aparecia junto e misturado.

Nas semanas que se sucederam, a viagem não saía de minha cabeça, ficava remoendo todos os acontecimentos. Nasci em um pequeno sítio, passei por situações de muita dificuldade financeira e, até mesmo, pouca variedade alimentar. Mas tínhamos os mínimos necessários para uma vida segura. Meus avós sabiam para onde estavam conduzindo a família, nunca ficamos à deriva. Era nisso, nesse controle que eu acreditava.

Penso que meu "choque" no Sapatinim não foi a verificação das dificuldades materiais daquelas fantásticas pessoas, mas a constatação de se ter apenas o momento presente. Nada estava garantido nem seguro para amanhã. Minha ânsia de controle e segurança naquele local se revelou mera fantasia. O Sapatinim tirou de mim esse acalento de acreditar que possuímos qualquer tipo de garantia quanto ao minuto seguinte, e isso é absolutamente assustador.

Passei a semana inteira tentando compreender melhor a maneira pela qual aquelas pessoas viviam. Fazia muitas perguntas que Santiago, na medida do possível, tentava me responder.

Descobri que na floresta as pessoas se casavam muito jovens, com treze, quatorze, dezessete anos, e que, geralmente, morriam muito jovens também. A maioria dos casamentos no Sapatinim era entre os próprios primos de primeiro ou segundo grau. Ali, construíam seu tapiri (choupana de seringueiros), e iam tocando a vida. Poucos eram casados com pessoas de fora da mesma comunidade.

Ultimamente, começaram a nascer algumas crianças com diferentes graus de deficiência, provavelmente devido ao elevado grau de consanguinidade. Cheguei a observar uma dessas crianças, que recebia um tratamento extremamente carinhoso pelos demais membros da comunidade, sem preconceitos ou discriminações. Eram levadas até o Bonfim uma vez ao ano para avaliação médica e recebiam o Benefício de Prestação Continuada do Governo Federal, uma espécie de aposentadoria, fato que ajudava a sustentar toda a família. Boa parte das famílias recebia o precioso e cobiçado Bolsa Família. Quaisquer cem ou duzentos reais seriam extremamente bem-vindos.

Quanto à necessidade de deslocamento para os centros urbanos, ocorria com periodicidade mensal ou bimestral para Bonfim. Geralmente, ficavam hospedados nas periferias, na casa de algum dos parentes que desistiu de morar no Seringal (ainda chamam sua localidade de origem no Sapatinim de Seringal, apesar de não cortarem seringa há muito tempo). Quando o caso é um problema sério de saúde, se deslocam para Rio Branco, permanecendo por semanas ou meses na diminuta casa da mãe de Santiago ou de algum outro parente, que também se sustentam com muito esforço e dificuldade.

Mas não gostam de Rio Branco, sobretudo os mais velhos. Sentem-se presos, enclausurados, sem mobilidade e totalmente dependentes de dinheiro para sobreviver. O mais rápido possível, voltam para o Sapatinim.

Com os jovens da última geração, as coisas estão sendo diferente. Alguns poucos seguem a vida ao molde de seus pais. Poucos conseguem completar o Ensino Médio, e trabalham no que for possível, geralmente no setor de comércio como atendentes, ou trabalhando por conta própria. Gente determinada e batalhadora, com casa e transporte próprios, por mais simples que sejam. Com sacrifício homérico, já existem casos na família de pessoas com Ensino Superior, como o próprio Santiago.

Uma boa parte dos mais jovens está em choque entre as raízes e a pós-modernidade. O bem maior, almejado com desespero e sofreguidão, não difere em absolutamente nada dos desejos dos jovens de São Paulo ou Nova Iorque: celular e internet. Seguem, o mais perto possível, o modelo da juventude das periferias dos grandes centros urbanos, aderindo como podem ao tênis, às calças *jeans* rasgadas e às muitas tatuagens. Igualzinho à maioria dos adolescentes, ouvem músicas com palavras de baixo calão e mensagens agressivas. Muitos já provaram ou se envolvem com álcool e drogas.

Sim, a Amazônia também é viva de gente! Milhares de pessoas circulam por suas entranhas, pairando entre dois mundos, um da floresta, e outro, urbano. Estão conectadas com tudo ao seu redor, mesmo que, alguns, de forma alienada e deturpada (igualzinho a muitas das cidades). Você não tem copaíba, mas eles têm refrigerante, você não tem canoas, mas eles têm celular, você não sabe diferenciar um jabuti de um tracajá, mas eles conhecem de Anitta a Michael Jackson. Você, provavelmente, não sobreviveria um único dia sozinho na mata, mas eles sobrevivem, enquanto acompanham o Big Brother. Não são santos, nem coitados, nem heróis, nem vilões. São simplesmente gente, como eu e você. Entretanto, muito mais habilidosos e resilientes. Já nascem aprendendo, desde o primeiro instante, que apenas os mais fortes sobrevivem, e vão viver lutando com as armas que possuem.

Lá no meio da floresta, fica escancarado que não somos categoricamente nada diante da natureza. O planeta é a força real, não temos o menor domínio sobre absolutamente coisa nenhuma. A natureza é a energia absoluta que decide a perpetuação ou a extinção. E esse poderio fica camuflado quando dispomos de artefatos tecnológicos que nos concedem uma falsa sensação de segurança, estabilidade e poder. Milhares de formas vivas são extintas ou florescem todos os anos, e a vida humana é tão efêmera quanto a de qualquer outro animal ou vegetal. Somos apenas um breve instante. Nossa arrogância não nos permite compreender a própria insignificância diante da magnitude do imenso e complexo organismo vivo ao qual chamamos de Terra. Não somos os "senhores" do mundo, mas temos a honra de, por um curto período de tempo, fazermos parte dele.

Essa viagem ao Sapatinim, um "outro mundo" dentro da floresta Amazônica, ocorreu há muito tempo atrás. Sempre recebemos notícias daquelas pessoas e já aconteceu de encontrarmos algumas delas por ocasião de virem até Rio Branco. Fiquei sabendo que muitas coisas mudaram e ainda estão mudando por lá.

Como você já deve ter imaginado, nunca mais voltei ao Sapatinim...

Bônus

Muitas histórias, engraçadas ou sérias, pude ouvir nessa viagem. A maioria delas narrada pelo falante e divertido Tio Radialista. São pequenas narrativas de acontecimentos reais do cotidiano da família. Fatos inusitados, que ganharam vida e foram perpetuados na lembrança dessa gente alegre da floresta, que vive um dia de cada vez às margens do Sapatinim.

Lúcia e o cachorro

Lúcia era prima nascida na cidade. A mãe se ajuntara com um rapaz ali no Sapatinim e, tempos depois, a união foi oficializada em um cartório de Bonfim. Após alguns anos, o casal, que já possuía três filhos, resolveu mudar-se para a periferia de Rio Branco à procura de oportunidades de emprego. Os filhos mais novos já nasceram na cidade, e Lúcia fora um desses.

Apesar da distância, a menina crescera vendo os pais receberem as visitas dos familiares vindos do Sapatinim, geralmente por motivo de problemas de saúde. Ficavam semanas ou até meses hospedados em sua casa, e assim a Lúcia tinha contato com seus familiares e ia sendo mergulhada, mesmo que à distância, na realidade do seringal.

Mas as melhores oportunidades ocorriam quando a mãe, com periodicidade anual, ia visitar a família. Nem sempre a Lúcia participava do passeio, pois, em cada viagem, a mãe levava apenas um ou dois dos muitos filhos. Com o passar dos anos, quando estavam mais crescidos, os irmãos já podiam ir pro seringal junto com algum parente que viera até a cidade e passar férias e feriados por lá. Assim, o vínculo era fortalecido.

Agora a Lúcia já estava adulta, muito bonita e vaidosa. Apesar da pouca estatura, tinha corpo esguio e bem delineado, com curvas formosas. Os cabelos eram pretos e compridos, muito lisos e brilhantes. Era a moça mais bonita da família e sabia muito bem disso. Também se orgulhava de estudar e já ter emprego em uma boa loja.

Sempre que podia, a Lúcia ia visitar a família no Seringal (era assim que chamavam a localização da família residente no

Sapatinim). Apesar de sua vida modesta, arrecada e levava consigo roupas e alimentos para os parentes que estivessem mais necessitados.

Entretanto, era muito claro que a prima tinha lá suas diferenças com os parentes do Sapatinim. Lúcia reclamava de cansaço da viagem, da lama e buraqueira do ramal, das ferroadas dos insetos e de outras situações comuns à família da floresta. Seus incontáveis primos e primas zombavam da moça dizendo que os parentes da cidade ficavam molengas e reclamões.

Um dia, Lúcia chegara para mais uma visita. Dessa vez iria ficar uma semana e estava alegre e animada como sempre. Todos gostavam dela, mas as reclamações começavam e a família ria dizendo que a prima da cidade era muito bondosa (nesse contexto, bondosa significa molenga, frágil, sem força). A avó ria, dizendo que o povo da cidade não aguenta frio, nem calor, não suporta cansaço, nem fome, nem nada. E tudo virava brincadeira.

Mas ocorreu um fato com Lúcia que, até hoje, provoca muitos risos e brincadeiras em toda a família...

Dormir em rede não é nada fácil para quem não está acostumado. As pessoas não sabem que não se deve dormir no comprimento da rede e nem atravessado na rede, porque nessas duas posições a pessoa fica com as costas encurvadas, fato que pode ser muito incomodo e causar algumas dores na coluna. A posição correta é dormir na diagonal, assim o corpo fica todo retinho, como se estivesse em uma cama.

Com relação às cobertas, não adianta nada jogar dez cobertores por cima do corpo, como fazemos quando estamos em uma cama, porque dessa forma esquentamos por cima e congelamos por baixo. O correto, é forrar a rede com o cobertor, deitar por cima da coberta e cobrir-se com suas pontas, enrolando a parte de baixo e de cima da pessoa, mantendo o corpo inteiro aquecido. Mas só sabe disso, quem já dormiu muito tempo em uma rede. A Lúcia não sabia se cobrir direito, e chegou a maior friagem.

Apesar do intenso calor durante o dia, as noites na floresta são bem frescas, e se a casa for próximas a um riacho, podem ser bem frias. Nesse caso, além da proximidade com o Sapatinim, chegou nesse dia o fenômeno "friagem" (massa de ar frio vinda do sul do país que faz despencar a temperatura abruptamente e perdura apenas por dois ou três dias).

A moça só havia trazido sua rede e uma simples cobertinha. A velha avó convidou-a para dormir em sua própria cama, junto com ela. Mas a neta preferiu ficar na rede. Todos eram sabedores que a idosa já não gostava de tomar banho todos os dias, e a moça preferiu dormir sozinha em sua rede bem limpinha.

Entretanto, não conseguia dormir, estava gelada. Um vento cortante e muito frio subia do Sapatinim e sua rede estava atada na varanda aberta, pois havia apenas dois pequeninos quartos fechados por paredes de tábuas na casa. A friagem era forte e estarem perto do igarapé só piorava tudo.

No escuro silencioso da noite, Lúcia levantou-se e vestiu todas as roupas que estavam em sua mochila. Foi pondo uma sobre a outra até vestir tudo. Voltou quietinha para a rede e nada de se aquecer. Pensava que logo deveria amanhecer e esse frio todo iria embora com a chegada do sol. Forçando a vista, verificou em seu relógio de pulso que eram onze e meia da noite!

Congelando, resolveu que a melhor saída seria desatar a rede e dormir no chão de tábuas, encostada na parede do quarto, e assim o fez. Desceu da rede bem devagarinho para não acordar a vó, desamarrou suas cordas e se enrolou todinha com ela. Deitou-se no chão, onde corria menos vento e esperou, esperou e esperou, mas continuava morrendo frio. Tirava uns cochilos por conta do cansaço, mas logo acordava com os ossos doendo de tanta frieza.

Era quase uma hora da manhã quando a moça, exausta, meio dormindo e meio acordada, foi sentindo uma quenturinha gostosa. Um calorzinho bom foi tomando conta de seu corpo gelado e dolorido fazendo com que relaxasse todos os músculos e sentisse um enorme conforto e satisfação. Enfim, aquecida e satisfeita, dormiu profundamente por muito tempo.

Muito de longe e com letargia, entendeu que já era dia, mas tão quentinha e bem acomodada, ainda dormiu por várias horas. Eram quase nove horas da manhã quando Lúcia percebeu que havia muitas pessoas em volta da varanda da casa, que cochichavam e riam baixinho. Será que estava com o bumbum descoberto?

Sentou-se no chão e, horrorizada, viu que estava dormindo colada a um velho e grande cachorro pirento (sarnento). Diante de sua cara de espanto, as pessoas ao redor explodiram em gargalhadas, acompanhadas pela própria Lúcia. Foram muitas risadas e piadas o dia inteiro. A moça ria tanto que sentia dor na barriga. Afinal, um cachorro pirento fora sua maravilhosa fonte de calor.

Lúcia ainda teve que tomar banho gelado no igarapé e passar o dia lavando algumas roupas e a rede. Nessa noite, dormiu quentinha na cama junto com a avó.

Até hoje, Tio Radialista e a própria Lúcia contam o episódio e todos dão muitas gargalhadas.

Forró na floresta

Antigamente, a floresta e seus moradores eram mais animados. Apesar das grandes distâncias a serem percorridas a pé ou de canoa entre os seringais e suas colocações, quando havia uma festa, dezenas ou até centenas de pessoas compareciam.

A notícia se espalhava com semanas, meses ou até um ano de antecedência. Por exemplo, se uma pessoa fosse devota de um santo e realizasse uma festa em sua homenagem, ao término do evento já anunciava e convidava o povo para voltar na futura festa a ser realizada no mesmo dia e mês do próximo ano. Assim, as pessoas iam embora com data marcada e convite antecipado de um ano para o outro.

Todos ficavam empolgados com uma festança: crianças, jovens, adultos e até mesmo os idosos mais saudáveis não perdiam a oportunidade. Poderiam levar dois dias de viagem pelas matas na ida e outro tanto na volta.

Na casa onde ocorreria a festança, eram mortas várias caças, bem como porcos e galinhas, caso houvesse. Muita carne frita no tacho, farinha de caboco, macaxeira, refresco e cachaça. Sempre haveria um sanfoneiro e, às vezes, alguém no triângulo e outro na zabumba.

Os convidados chegavam cedo, tomavam banho separados em grupos de moças e rapazes, e os pais ficavam de longe pastorando (cuidando, zelando) as filhas moças (virgens). Todos se arrumavam e se vestiam ali mesmo no local do evento. As pessoas compartilhavam seus extratos (perfumes) umas com as outras, e as moças esfregavam urucum vermelhinho nos lábios. Ainda na luz do dia, as famílias já procuravam armar suas redes próximas aos arredores da casa e, quando alguém precisasse dormir, tudo estaria organizado.

Geralmente, uma festa para santo, ou até de aniversário, iniciaria com um longo terço, onde todos rezavam com muita devoção, fazendo seus pedidos ou agradecimentos por graças alcançadas. A comida era servida e todos repetiam até se fartarem. Bebida não poderia faltar, e a criançada se acabava de tomar refresco bem doce feito com água direto do rio.

O forró iniciava e poderia durar mais de um dia, dependendo do tanto de alimentos e bebidas disponibilizados pelo anfitrião festeiro. Só existia uma regra que não poderia ser quebrada: era terminantemente proibido "dar canelada" (recusar um convite para dançar). Todas as pessoas presentes, de crianças, idosos a mulheres casadas, ninguém poderia rejeitar um pedido de dança, entendido como grave ofensa e humilhação à pessoa que fizera o convite. Todos que se dirigissem até um forró, de antemão, estavam cientes de que iriam para dançar. E a dança corria noite adentro, até todos adormecerem de exaustão ou embriagues.

Por outro lado, se algum caboclo agisse com desrespeito a qualquer dama ou outro convidado, poderia terminar com um "cobertor" de sete palmos de terra. Às vezes, a casa, geralmente de palha e paxiúba, tremia inteira de tanta força e peso do arrasta-pé em seu assoalho, sendo comum que as danças iniciassem dentro da casa e terminassem na terra batida do quintal, levantando e cobrindo a todos de fina poeira.

As pessoas, em grupos separados por sexo, banhavam-se novamente e dormiam em suas redes, retornando às próprias casas no outro dia, ou dias depois. Nessas ocasiões, as moças arranjavam namorados e casamentos eram planejados. As senhoras conversavam e matavam a saudade de suas comadres e as crianças brincavam soltas pelos arredores do quintal. Os homens contavam e ouviam as notícias, e todos teriam assuntos e lembranças para conversarem em família até o próximo e tão sonhado forró acontecer.

Também ocorria, pela alta madrugada, quando pais dormiam cansados ou embriagados, de o "boto" aparecer no igarapé e engravidar uma donzela que estivesse sozinha tomando seu banho. Não faltavam filhos de botos naquele tempo.

Naquele tempo, no primeiro ciclo da borracha, quando a floresta era ainda menos povoada, as pessoas viviam tão isoladas que, num evento assim, os homens dançavam entre si a noite inteirinha, porque não havia mulheres.

Nessa época, quando alguém conseguia uma esposa, tratava logo de escondê-la da vista dos outros "machos", porque o marido poderia ser morto em uma emboscada, e a mulher, raptada. Mas quando o grupo de amigos era de total confiança, o felizardo que possuísse uma esposa, que poderia ser uma índia pega no laço, ou uma prostituta mais idosa comprada ou trocada por pelas de borracha nas embarcações vindas de Manaus ou Belém, alugava a mulher para dançar com os amigos a noite inteirinha, ganhando uns tostões e dando minutos de felicidade aos amigos pés de valsa.

Esse evento social era tão importante que ali se iniciavam e se acabavam muitos romances e famílias.

⚜ Controle

Fazia muito tempo que Santiago não visitava a família no Sapatinim. A mãe fazia esse passeio pelo menos uma vez por ano e sempre levava consigo um dos filhos. Mas os filhos eram muitos e Santiago ficara um grande período sem ter contato com os parentes maternos.

Agora, já era um rapaz de dezoito anos, trabalhava de servente de pedreiro e estudava no ensino médio todas as noites.

O rapaz economizou alguns tostões e, assim que chegaram suas férias, saiu em direção ao seringal. A viagem seria boa e iria acompanhado pelo primo Jean, filho do Tio Radialista. Jean morava na cidade em busca de melhores condições financeiras, tinha arranjado emprego em uma pequena mercearia e morava na casa de Santiago. O primo Jean era virado (decidido, muito disposto), fazia de tudo pra ganhar algum dinheiro e ajudava como podia os pais que moravam no seringal. Não tinha tempo ruim pra ele.

Fazia alguns meses que Santiago e Jean planejavam essa viagem ao Sapatinim. Iriam e voltariam juntos, e assim ocorreu. Tudo deu certo e chegaram felizes nas casas de seus entes queridos.

Os dois chegaram ao destino pela noite, fato que dificultou a observação do ambiente. No momento da chegada, Santiago e Jean foram recebidos por vários parentes. Como a viajem havia sido planejada havia algum tempo, todos sabiam que Santiago viria ao seringal, fato que se constituía numa novidade. Na manhã seguinte, o rapaz percebeu que a meninada lhe observava com curiosidade e o acompanhava com alegria. Ao olhar para o ambiente, verificou a dimensão da beleza do lugar. Entretanto, durante os primeiros dias, sentia uma perturbação causada pelo "barulho" do silêncio e calmaria o que o lugar proporcionava, coisa que não conhecia na cidade.

Jean ficou mais próximo de seus pais e Santiago se soltou no meio da primarada. Saíam para pescar no igarapé, nadavam e mergulhavam por horas no Sapatinim, desciam de canoa visitando alguns parentes que moravam igarapé abaixo, jogavam bola no quintal em meio às casas. Tudo era alegria e descontração.

Mas existia uma coisa que Santiago nunca havia confessado a ninguém: sentia um certo receio, quase um medo de entrar mais profundamente nas brenhas da mata nativa, coisa que seus primos faziam sozinhos desde nove ou dez anos de idade.

Quando o moço entrava na floresta, sentia um peso sobre ele, uma forte energia que lhe parecia comprimir o corpo inteiro. Percebia a força e a imensidão da floresta como um único e compacto organismo vivo e pulsante. Tinha uma forte sensação de que a floresta lhe espreitava, sabia que ele não pertencia àquela exuberante natureza intacta.

Quando estavam faltando apenas dois ou três dias para ele e Jean retornarem à Rio Branco, veio o convite de um dos inúmeros primos para entrarem na mata em busca de patoá. Envergonhado em contar sobre seu receio, aceitou o convite e foram mata adentro, ele e mais três ou quatro rapazes.

O Tião, mais velho e experiente do grupo, ia à frente com seu amolado terçado em punho, e alertava Santiago sobre possíveis perigos:

— Santiago, olhe bem para os ramos mais baixos, à altura do rosto e pescoço, pode ter cobra cipó camuflada na vegetação. Ela é verdinha e fininha, igualzinho a um cipó, pica sempre do pescoço pra cima e é muito venenosa.

E Santiago olhava sempre para os ramos altos.

— Santiago, tem um tronco caído logo ali adiante. Tenha cuidado porque a pico-de-jaca (tipo de jararaca, muito peçonhenta) gosta de ficar embaixo desses troncos e picar os pés e canelas das pessoas.

E Santiago pulava os troncos com todo cuidado, olhando bem onde pisava.

Em certo momento, os primos se abaixaram examinando o chão úmido da floresta e mostrando uma enorme pegada de onça, comentando que o bicho passara pelo local onde estavam na noite anterior. Era preciso que ficassem atentos, pois a "pintada" sempre atacava de traição, pegando suas presas por trás, nunca pela frente.

E assim iam, observando o caminho e conversando sobre seus perigos com a maior naturalidade, do mesmo jeito como se ensina a uma criança da cidade a observar o sinal vermelho no trânsito. Mas Santiago sentia medo. A floresta inteira, de cada planta a cada igarapé ou pequeno animal, lhe parecia um enorme ser vivo que se movia e agia de forma igual e deliberada, e ele era um bicho estranho em meio a esse corpo homogêneo e sem fim.

Assim pensando, chegaram até um local onde havia muitas palmeiras de patoá. Não havia como escalar essa palmeira e, com espantosa habilidade, os rapazes cortavam com um machado o caule da planta, que possuía mais de dez metros de altura. Assim, conseguiam retirar o cacho e juntar os frutos caídos nos entornos.

Em poucos minutos, faziam o caminho de volta, e em questão de meia hora puderam avistar a clareira e os tapiris de seus parentes. Assim que saíram da mata, Santiago sentiu um grande alívio. Estava a salvo do poderio e das energias da floresta. Enquanto nisso pensava, o primo que ia à sua frente empurrou um pequeno galho de arbusto para melhor poder passar pelo estreito caminho e soltou o ramo que veio para cima de Santiago, lhe desferindo uma lapada (tapa, bofete, pancada) bem no meio de seu peito. A pancada não foi forte mas, na ponta do ramo, escondida por debaixo das folhas, havia uma casa de cabas (abelhas, marimbondos) que, assustadas pelo impacto, deram dezenas de ferroadas por todo o corpo de Santiago.

Todos saíram correndo, inclusive Santiago, e se jogaram nas águas do Sapatinim, fugindo das cabas. Nenhum dos primos sofrera uma única ferroada, mas ele havia pegado a maior peia (surra) das cabas.

Ficou todo inchado e dolorido até o dia seguinte. Tudo virou brincadeira e gozação, mas Santiago sabia que a floresta lhe dera um aviso e demostrara que sua força e domínios estavam muito além de sua imaginação.

Os dias se passaram, e a família retornou a suas atividades rotineiras. Quando tinham tempo, os primos remavam junto com Santiago nas partes mais fáceis do igarapé. Ensinavam-no a conduzir sozinho uma canoa, coisa importantíssima de se saber dentro da floresta.

Santiago era ativo e esperto, sabia andar de bicicleta e *skate*, também nadava e jogava capoeira e futebol com desenvoltura. Tinha interesse em aprender a remar, fato que possibilitaria uma menor dependência de seus familiares, dado que poderia ir sozinho visitar outros parentes e amigos que moravam um pouco mais rio abaixo.

Depois de várias "aulas" de remo, já sabia conduzir os cascos com tranquilidade e decidiu que não precisava mais da ajuda dos primos para se deslocar pelo igarapé em pequenas distâncias.

Na tarde seguinte, entediado por estar sozinho enquanto os primos trabalhavam, resolveu ir passear na casa do tio Zito, a vinte minutos de distância pelo igarapé abaixo. Avisou para a avó aonde iria e a anciã lhe olhou um tanto desconfiada. Mas não havia nada a temer. Era jovem e forte e estava no controle da situação.

Esse trecho do Sapatinim era raso e calmo, e ele sabia nadar bem. Qualquer problema com o casco, pularia n'água e nadaria até a margem. Pensando assim, partiu em direção à casa do tio Zito.

Entretanto, quando Santiago viu-se completamente desacompanhado dos familiares e cercado pela natureza bruta, sentiu-se pequeno e vulnerável. Os sons das aves nas copas das árvores, a gritaria dos macacos e demais ruídos vindos da mata lhe assustavam. Até o murmúrio das águas deixou-lhe ciente de que não estava sozinho.

Então, quando passava por uma parte mais larga e profunda do Sapatinim, percebeu que perdera completamente o controle da frágil embarcação. Remava sem parar, mas o casco girava pelo igarapé na direção que bem entendia, como se tivesse vida própria. Por mais que se esforçasse, não conseguia sair do mesmo lugar nem seguir em direção alguma.

Já estava ficando meio apavorado quando avistou o próprio Tio Zito remando em sua direção. O homem se dirigia até a casa da mãe, dona Mariana, para buscar uma boca de lobo (cavadeira), emprestada. Apenas ao avistá-lo, como num passe de mágica, Santiago recobrou o controle do seu casco, conseguindo se deslocar apropriadamente pelas águas.

Conversaram animados, e o tio não percebeu que o sobrinho estava quase botando o coração pela boca. Então, Zito desistiu da boca de lobo e seguiu com Santiago em direção à própria residência.

As férias chegaram ao fim, e o rapaz voltou para casa, não sem antes permanecer junto com o Jean, por dois dias, no velho barraco à beira do ramal, à espera de uma carona que os transportasse até Bonfim, pois, nesse tempo, a família ainda não havia comprado as motos.

Pensando em tudo quanto havia experienciado, compreendeu que possuía um falso senso de controle, pois, quando se está dentro da floresta, não existe forte ou fraco, apenas a natureza é quem domina.

≪ O boi e as motos

Marita nascera no Sapatinim, havia muitos anos atrás. Depois de casada, mudara-se para Bonfim junto com o marido à procura de emprego. De Bonfim fora para Rio Branco e ali permanecera, tendo filhos, netos e bisnetos. Mas todos os anos retornava para visitar a família no "seringal".

Sempre ia acompanhada por algum dos filhos ou irmã que, igualmente a ela, também morava em Rio Branco. Gostava mesmo era de ir junto com a irmã Gracinha. Davam-se muito bem e nunca faltava assunto entre elas. Antes da viagem, passaram um informativo pela rádio, avisando que estavam chegando e que alguém fosse buscá-las de motocicleta no dia seguinte, na rodoviária do Bomfim.

O sistema de avisos pela rádio sempre funcionava, e os moradores das cidades passavam notícias para os distantes parentes das florestas por um programa de rádio chamado de "A Voz da Selva". Através desse útil programa de rádio, nascimentos, falecimentos e toda a sorte de notícias importantes dos parentes da cidade chegam até os longínquos seringais, tornando o rádio um meio de comunicação importantíssimo ainda hoje. Todos os dias, às treze horas, mediante pagamento em dinheiro, os recados são lidos pelo locutor da rádio. Quanto mais for pago, mais vezes o recado será transmitido. O aviso de Marita foi assim:

– "Atenção, atenção, família de dona Mariana no igarapé Sapatinim, colocação Uxí, no município de Bonfim. Suas filhas, Marita e Gracinha, chegarão na rodoviária do Bonfim amanhã, às quatorze horas, e pedem para os parentes irem buscá-las com as motos. Mandam abraços a todos".

Então, logo quando desceram do ônibus, dois sobrinhos jovens já aguardavam as tias da cidade. A viagem de ida fora muito boa, e o passeio correra alegre como sempre. No dia da volta, outro sobrinho e o irmão caçula, Marquito, conduziram as duas visitas de canoa até o porto. Lá chegando, deixaram as canoas amarradas e continuaram o caminho, agora nas motos. Com muita habilidade, os homens atravessavam a capoeira e as pastagens, alcançando o ramal em menos de trinta ou quarenta minutos. As quedas (tombos) eram comuns, mas ninguém se importava muito. Difícil era ir a pé, então uma queda a mais ou a menos não faria diferença.

Dessa vez, tudo correra bem e com facilidade. O difícil era quando a boiada, branquinha e valente, de nelores estava nas proximidades. Os bichos eram furiosos e não tinham medo de nada. Dessa vez, a boiada pastava sossegada e longe. Tudo fora rápido e tranquilo.

No ramal, as motos percorreram uns cinco quilômetros na maior facilidade, quando avistaram um enorme touro nelore caminhando pachorrento pelo caminho. Se o boi castrado era valente, imagina o touro. As duas motos seguiam lentamente, metro a metro, a uma distância segura atrás do animal, que parecia não se importar nem um pouco com a presença deles.

Buzinavam, mas o touro nem ligava, jogavam torrões de barro, mas bicho nem olhava...

E a paciência do grupo ia se acabando. Então, Marquito avisou à irmã mais velha, em sua garupa, que segurasse bem, pois iriam tentar ultrapassar o touro. Marita, gelada de medo, agarrou-se na cintura do irmão que acelerou a moto e partiu em direção ao enorme animal, na intenção de desviarem e seguirem viagem. O rapaz que conduzia Gracinha percebeu a intenção de Marquito e o seguiu.

Quando o touro, lento e silencioso percebeu a aproximação dos veículos, investiu na moto de Marquito. Em dois pulos o bicho, que agora parecia leve igual a uma pena, estava sobre eles. Com uma forte cabeçada, jogou a moto para longe como se fosse um brinquedo e partiu para cima das duas pessoas que jaziam atordoadas no chão poeirento.

Marquito, mais novo e ágil, desviou o corpo da cabeçada do bicho e jogou-se por debaixo da cerca. Marita não teve a mesma sorte. O animal, com uma única cabeçada, jogou a mulher a uns dois metros de altura, e ela caiu estatelada no meio do ramal. A sorte é que o bicho era mocho (sem chifres).

Quando o touro se preparava para atacar Marita novamente, o outro motoqueiro veio com tudo em direção ao animal, alterando seu foco de atenção. O bicho mudou de alvo e partiu para cima da moto onde estava Gracinha. O piloto disparou a moto ramal afora, sendo seguido pelo touro na maior velocidade.

Foi o tempo necessário para Marquito socorrer a irmã e retirá-la do meio do ramal, porque, lá de longe, o touro já estava voltando. Passaram rápido para o outro lado da cerca e se esconderam abaixados dentro do alto capinzal. O animal passou devagar, cansado pela corrida atrás da moto. Ia olhando para os lados e balançando a cabeça. Passou direto pela moto caída e seguiu em frente, sem destino.

A mulher estava meio desorientada, toda arranhada, dolorida e cheia de poeira, mas não havia quebrado nada. Saíram conversando baixo, com medo de o touro aparecer do nada. Na rodoviária, o caso já era contado em meio as gargalhadas e corria de boca em boca, a história do touro que atropelara uma moto. Só a Marita, toda desgrenhada, empoeirada e chorosa, que não via graça nenhuma. Mas estava agradecida pelo bicho não ter chifres, porque aí sim teria sido muito pior...

Marita e Gracinha embarcaram de Bonfim para Rio Branco e Marquito com o sobrinho aproveitaram para abastecer as motos, pagar um crediário, visitar a família da cidade e realizar algumas compras. Retornaram para o Sapatinim apenas na manhã seguinte. No ramal, outra surpresa os aguardava.

O touro havia atacado outras pessoas e o fazendeiro fora rapidamente comunicado. Fazia tempo que o animal não parava dentro do pasto, não havia cerca que lhe segurasse preso. Então, evitando um acidente ainda maior, o fazendeiro ordenou ao capataz que abatesse o animal e dividisse a carne com o povo da vizinhança.

Marquito e o sobrinho não chegaram a tempo de ganhar da carne, mas o alívio foi grande. De fato, o bicho era grande, brabo e bruto. Por muita sorte escaparam ilesos, mas o susto foi grande. Marita que o diga!

Jacaré-açu

A notícia correu: jacaré-açu chegou ao Sapatinim. Todos diziam que era impossível, essa fera não existia naquele local. O igarapé era pequeno, principalmente ali na nascente, e o gigante precisava de espaço para nadar e de muita comida. Mas o inverno amazônico traz abundância de águas e o igarapé calmo e límpido se transforma em caudaloso e turvo.

Era difícil de acreditar. Sabiam que, bem lá longe, nos grandes rios e lagos, onde existem peixes gigantes, surubins do tamanho de um homem e pirarucus de duzentos quilos, se poderia abrigar tamanha fera. Quando adulto, o jacaré-açu pode chegar a seis metros de comprimento e a pesar setecentos quilos. Tio Radialista, em suas andanças pelo Purus durante a juventude, chegara a ver alguns desses animais, mas durante as décadas em que a família morou no local, nunca haviam avistado nada parecido.

Os moradores lá de baixo, perto da foz, onde o Sapatinim se une ao Purus, avistaram o bicho subindo e a notícia correu como fogo em capim seco. Jacaré-açu está com fome, jacaré-açu está chegando.

As crianças não podiam mais tomar banho no rio nem andar de casco ou canoa. As mulheres juntavam água da chuva nas biqueiras das casas e procuravam não se aproximar do igarapé. Até os homens andavam receosos.

Quase todos os dias chegavam novas histórias: o bicho havia engolido o cachorro do compadre Manezinho lá no seringal Oco--do-mundo; a fera devorara uma novilha do fazendeiro Chico Julião, lá na fazenda Bananal; o monstro quase havia pegado um menino teimoso que se banhava na margem do Sapatinim... E assim, os rumores não cessavam.

O animal representava enorme perigo para toda a população do Sapatinim e, nas noites seguintes, não havia outro assunto a ser discutido que não fosse a chegada do bicho. Alguns acreditavam, a maioria não. Os jovens diziam que era impossível existir um jacaré de seis metros. O povo falador e exagerado ficava inventando essas coisas. A moçada ria e zombava, seria um jacaré ou um dinossauro?

E assim, as semanas se passaram longas e tensas. O inverno foi cedendo lugar ao verão, as águas do igarapé foram baixando, e o assunto foi ficando no esquecimento. Um dia, chegou a fatídica notícia: seu Francelino, um idoso que morava a umas três horas de distância igarapé abaixo, havia sido morto e parcialmente devorado pelo jacaré-açu.

O ancião estava perto da margem do igarapé, embarcando umas sacas de farinha para vender no Bonfim. Seu cachorro começara a latir e rosnar bem na beira da água. De súbito o jacaré-açu boiou do fundo do igarapé, abocanhando o cão. Sem medir os próprios atos, seu Francelino partira para cima da fera, dando-lhe remadas no focinho na tentativa de defender seu bicho de estimação.

Raimundo, filho de seu Francelino, ouviu a gritaria e correu em direção ao Sapatinim, encontrando o pai já dentro da boca da imensa criatura. Os netos de seu Francelino também chegaram em socorro do avô e a esposa do Raimundo trouxe a velha espingarda.

Uma batalha terrível foi travada por toda a família. O couro do animal parecia feito de aço, os golpes de terçado mal faziam arranhões.

Chegaram a pensar em atirar na garganta da fera, mas acertariam mais o patriarca de que o próprio jacaré. Rosa, num misto de coragem, inteligência e muita sorte, aproximou-se do animal e deferiu-lhe um tiro mortal dentro do olho.

Ao final do confronto a fera estava morta, mas seu Francelino e o cachorro também. O filho, Raimundo, perdeu dois dedos da mão e levou vários pontos nos braços. Um neto quebrara uma costela.

Dona Mariana e a família conheciam seu Francelino e foram prestar as condolências, bem como matar a curiosidade. Todos queriam dar uma espiadinha no gigantesco animal. Ninguém acreditava naquilo que via, tão grande era o tamanho do jacaré-açu.

Nunca houve uma semana tão agitada naquelas paragens. Veio a polícia, a imprensa e até um grupo de pesquisadores da universidade. O animal foi transportado por dezenas de homens para ser estudado, e o pobre do seu Francelino foi enterrado no Bonfim. Dizem que também enterraram o cachorro bem ao lado da cova do dono.

Demorou um bom tempo para a meninada voltar a brincar solta nas águas do igarapé. A partir desse episódio, nunca mais o Sapatinim foi olhado do mesmo jeito.

⁂ O sobrevivente

Ele nasceu no Ceará, mas aos sete anos de idade veio para a Amazônia junto com o pai, com o objetivo de escaparem da seca e se tornarem cortadores de seringa. A mãe, junto com a irmã caçula, ficaram para trás. Logo juntariam dinheiro para irem buscá-las. Mas nunca voltaram.

O percurso entre o Ceará e Belém, foi realizado pelo mar. As passagens de navio e despesas com a alimentação lhes deixaram cheios de dívidas com os recrutadores que pagavam a viagem em troca do futuro trabalho. Depois de meses trabalhando em Belém, deviam mais do que no início da viagem. Quanto mais trabalhavam, mais a dívida crescia.

Na primeira oportunidade, subiram o rio Amazonas até Manaus, onde parecia haver melhores oportunidades. Um ano inteiro de trabalho duro e mal dava pra pagar a dormida e a comida. A borracha havia perdido o valor, os estabelecimentos estavam sendo fechados e a capital jazia saturada de gente vinda de todas as partes.

Souberam que, nas cidades mais distantes, bem lá pra dentro dos rios e da floresta, onde poucos queriam ir, ainda precisavam de gente boa no serviço. Então, foram contratados para coletarem castanha, pois esse produto estava em alta, dando mais lucro que a decadente borracha.

Subiram de batelão o rio Purus, afluente do rio Amazonas, com destino à Lábrea. Foi lá que o pai se tornou um coletor de castanhas pelas matas, e ele, já com seus dez anos, era ajudante nos batelões e baleeiras que subiam o Purus, comprando castanhas pela imensidão da floresta.

Alguns anos depois, o pai foi acometido por uma forte febre. Tomou remédio de caboclo e de farmácia, mas desse mal não teve como escapar. Ficou sozinho, era forte, sabia bem como se virar.

Em suas viagens ajudando os compradores de castanha, chegou à Pauini e Boca do Acre. Na floresta Amazônica, os endereços não são encontrados pelos nomes das ruas, mas dos rios. E foi nessa localidade, onde Lábrea, Pauini, Boca do Acre e Bonfim são interligadas pelo rio Purus, que tudo tomou rumo diferente.

O tempo havia passado, e o tímido menino de sete anos agora era um eloquente rapaz. Com os comerciantes, aprendeu a se comunicar bem, não tinha vergonha em falar em público e ganhou gosto pelas palavras. Como conversava com ânimo, recebeu o apelido de Radialista.

Iria ter um grande baile em Lábrea, e o povo viria de todas as paragens, perto e distantes. Foi nesse baile que conheceu a moça mais insuportável e irritante de toda a sua vida. Detestaram-se mutuamente. Ao final desse mesmo ano, estavam casados.

Agora, era um homem. Tinha quinze anos, e a esposa, quatorze. Precisavam fazer futuro. O sogro chamou para ir residir junto com a família da esposa no seringal onde todos moravam, na foz do igarapé Sapatinim com o rio Purus. Lá, havia imensas áreas de terra abandonadas pelos antigos seringalistas e pelos companheiros de corte de seringa. Apenas o sogro resistia com a mulher e os muitos filhos.

Assim, abandonou o Purus e, embrenhando-se floresta cada vez mais adentro, chegou ao igarapé Sapatinim. O local era muito apropriado ao extrativismo, e havia caça e peixes em abundância. Com a ajuda dos novos parentes, construiu seu primeiro tapiri e plantou seu roçado de macaxeira.

Quando os recursos minguavam em um local, ou então quando os "donos" da terra apareciam não se sabe de onde, ele e seus parentes abandonavam tudo e subiam o igarapé de canoa, fixando-se cada vez mais próximos da nascente do Sapatinim.

O tempo passou favorável. Gostava e se entendia bem com a mulher e tiveram quatorze filhos. Criou treze, uma verdadeira façanha dentro do contexto local. Seus filhos se espalharam por Rio Branco, Porto Velho, Bonfim e muitos ainda estão no Sapatinim junto dele até hoje. Propagaram sua gente pelo mundo, possuem dezenas de netos e bisnetos.

Certamente que houve fortes percalços.

Radialista foi picado quatro vezes por cobra venenosa, dentre elas, a mortal pico-de-jaca. Não procurou hospital. Curou-se com remédios de pajés, caboclos e rezadeiras. Muito chá de vassourinha, banhos de crajiru para desinflamar o corpo e a ferida e emplastros de farinha d'água aplicados sobre a picada para sugar o veneno. E o mais importante de tudo, a abstinência total de relações sexuais, coisa extremamente reimosa (inflamatória) em caso de picada de cobra.

Um horrível momento ocorreu durante uma pescaria com os filhos. Estava alegre, pegando muitos e bons peixes, quando viu a feroz jararaca vindo em sua direção. Sempre foi perseguido por cobras e fazia o possível para se livrar delas. Então, saiu correndo para distanciar-se do bicho peçonhento, quando enroscou o pé em um cipó no chão e caiu por cima do próprio terçado. A lâmina lhe transpassou lado a lado pouco abaixo do coração. Sangrou por dois dias seguidos dentro de uma rede, enquanto era carregado a pé pela floresta, em direção a Bonfim.

Nessa época, o governo não havia aberto nenhum ramal de acesso entre a nascente do Sapatinim e Bonfim. Essa viagem era feita totalmente a pé pelo meio da floresta. Por outro lado, as águas do igarapé correm em direção à Lábrea, que se encontra a vários dias de distância de viagem de canoa. A família enfrentou o penoso percurso pela mata até Bonfim, salvando-lhe a vida.

De outra feita, sofreu um acidente que foi seu pior pesadelo. Estava fazendo uma pequena derrubada para arranjar seu roçado quando uma árvore caiu em sua direção, ameaçando sua cabeça. Correu para longe do pau que tombava e, nesse ato, caiu por cima de um galho seco e pontiagudo, como uma lança enfiada no chão. Essa estaca atravessou-lhe o saco escrotal.

Radialista fora atingido em um local extremamente delicado, física e emocionalmente. Caído ao solo chorava em desespero. Dois filhos adolescentes lhe acompanhavam na derrubada e não sabiam, sequer, como mover o pai jogado ao chão. Mário pegou o próprio terçado e foi cortando a bermuda que Radialista vestia, na intenção de verificar o ferimento e tentar estancar o sangue que empapava suas roupas e o solo.

A estaca, por puro milagre, não atingiu os testículos, mas permanecia atravessada em seu saco, causando dor, hemorragia e pânico. Em um ato de desespero, Radialista agarrou a estaca arrancando-a do corpo e desmaiando em seguida.

Os filhos estancaram o sangue com a bermuda cortada e carregaram o pai nu até a casa. Os familiares se acercaram a acudi-lo, mas não houve como lhe convencer a ir até a cidade. Nenhuma enfermeira ou médico iria mexer ou costurar seus "ovos". Sarou em casa e ainda teve outros filhos depois do acidente.

Da foz do Sapatinim, local em que construiu sua primeira habitação, foi sendo "empurrado" em direção à nascente, onde reside atualmente. Não existe mais para onde fugir. Está cercado de colônias e fazendas por todos os lados. Mas não tem medo do futuro. Fará aquilo que tiver que ser feito para sustentar sua família, inclusive derrubar seus amados e preciosos dez hectares de mata. Seguirá firme e feliz junto aos seus até o último dia, um homem resiliente, como só a floresta sabe forjar.

SOBRE O LIVRO
Tiragem: 1000
Formato: 14 x 21 cm
Mancha: 10 X 17 cm
Tipologia: Garamond Pro 11,5 | 18 | 20
Papel: Pólen 80 g (miolo)
Royal Supremo 250 g (capa)